Dem ernsthaften, kopflastigen
und kontrollsüchtigen Wesen
in uns allen gewidmet

Christian Hablützel

Huplö lala düsel Fnurz

Ein Lesebuch in Gibberish
zum Kopf Entrümpeln

Autor: Christian Hablützel
Coverdesign: Christian Hablützel
Covergestaltung: Gianni Bertossa
Satz: Christian Hablützel
Foto Ei: Fotolia - 31moonlight31

Verlag:
Lachdichgesund GmbH, CH-8004 Zürich
www.lachdichgesund.com

Herstellung & Vertrieb:
BoD–Books on Demand, D-Norderstedt

ISBN: 978-3-9524673-1-2

Inhaltsverzeichnis

Magurza fosch trafla Pischlafla

Magurza guslu Pischlafla, indri hopsi Flödla Gaschpi tum. Fog zwäggi Orgitorg, Magurza flidelet gamsa ramsi wuz la Garafat. Titi Garafat, kuks nörgerli zirpi Pischlafa, kol noti ploti Magurza. Wosch la guz, Surbipati chnorso Göresitsch, elpuri Fredulli soplo gos. Magurza knasa wasa ofra Fatsch. Keise Fleise, Magurza knifli Pischlafa hoseli Gixmoz. Noschri tuk, gasla plödiwö wakla falldi tralldi. Pischlafa niz moki Garafat, flam duseli gurgeli Plötz föz. „Ofra Gugi miki Garafat“, hola duli dula Pischlafa. „Nuschri hoppeli, -fraschli nursüm Puk! Fludi beple guga Schraps!“ Garafat wadüms zirg la dura: „Eschnupi urfu Naglafiz, knodori laschla Guripusch!“ Sorp fam Flöschlö tupi, lofloti Parasoggi fom drusch. Kischi Wipsula muz Magurza. Schnese flaschpa Slanuki tok. Trim plum Börsö flack, Nudrischpi sum rischpi kaflott. Megs Gürüplodi irpi troggeli Quaschrud. Nuzli Garafat, hosli fosa Wuz planscha Magurza. Flax plödi töhf, flamsa nuki Chnurz. Oschradi hasla ludra plott, la lala ma Guserli fimpi trim. Pischlafa kums fasla Elpigursch. Reschpi pladla nufli, sumpli Uklitrof bla plurp. Giri sulpi Nukratuff, Ischpuri zuki trölla Muk, fum sum pum. Fuschlu Garafat, holdrugi Pischlafla dörli Pögg. „Wasch gruschli flösewö, Pischlafla? Ufli hudri plögg, jokli Podlopluk?“

Faschli Pischlafla fux göseli Wudlu. Nirgi zirpp, nuschri Hoslipfopf Waschru papla mak flum Zursch. „Schasa gazi, muz mi Radlopaki!" Pischlafla nurpi bobo pisch. Wazla Flodi gurk, persche Neklomusch. Igi fligg di Sigg, nosch rodlo nufi Plöff. „Nu no nigri Quik! Wischli furgi Blölöh, kamsch wamm duri Pflusch?!" Foso guglö jazi pakti, hischli guschli nuk fum flum. Fisli Gotzi duri Chozi, faschpa lamsla lala zirp. Magurza görgs: „Hok hok dupli pok, visch wi disi Nuschpi! Fok fok tumpli flohk, Sirschpi nikli Koschpli!" Olgi trolff, Magurza fidri girli fludu Bägg. Zimpli pischli Puluf, garsa Waflamuk. Garafat kiks Waflamuk olfroschi gugs ma plim. Nisch furschu wuh, gaz jasla Makti. Guschlu kardi fop, zergle feschla Lirschg. Nuzlo poklo pak lampim. Giri ops ladu, meke guki Truschpla firz dum tamm. Nak nusi fitsch, göpslu horgi Fokh. Olpa Eschnebes, krusi Poschlo. Fixi Garafat, holpi druppala nuk Vischari. Imukla flosch, buschli Wümpatrüm zarflo Löligasch. Loslo Puri wukti, Horsch wa fum. Olgo humsch wadlu, trofli Gofli gaff. Num Schrati pagh, mupla Borschki hums. Uh... Pischlafla grapsch, untrugi firli flutsch la plumm: „Wusladi flam gusli, mök Waflamuk?" Nak fafri ulpi Schnöf. Waflamuk forz plimli Pischlafla; „ Wak muntri, göpperli hosch di Poz? Mik Ploschwido, zurr Pusel gasch gli Kroflo!"

Kum wagla Waflamuk, hum summeli Göpf. Zirschipups Pischlafla flusch Garafat, nik Hudligag zirpi Zorf. Nuschlu furli Wusch, gasch Magurza lapla Watli zim pimm. Hibi Ruschpi loslo, zumpi flolo tribi Quaschipus. „Lusch laschli Gax, Yufla trulla!“ Magurza flüsch Quaschipus zurg Waflamuk plitschi Garafat. Treschle pek, Quaschipus losch lofflo pusch, nuz giri flukti Nuschla pasch. Irschi födlu gasch, zarampi flum Zampi, flik di wack, zulum Gacki. Quaschipus frums trischi ah Garafat. Garafat frums trischi quadi zirgi Waflamuk. Hirschki gosch Pischlafla truschi Magurza. Ompi duh, makla Guschpimus, hosladi fladli Weschebes. Orschi porsch, flak flidi guri zurli moschla Quak. Raschpali gusch, Nukla vischpa. Horschoki toflo Murk schaba. Zaschla parki turi Goflo plums. Nisch Schawisi, gux Flumbuschi gögs. Nirgi zirpeli fluschpla Elpidri. Aschraggti plim zim flim. Nuschla gogs wazu, firli girli Pruz. Magurza gnaga zimperli , fluschpi Pischlafla. Geze Fraschli kums, mompo Fori holpi duh. Ha zirschi Oschtri gumla Guk, flösch wösi Garafat ulpa Waflamuk. Taschpi kofli, Waflamuk zirgg huschpi Jufli nuzli knusch, fhurli pnosch. Oschka poschka Magurza! Laschla pischki, nusch Fluschpulla, gasla wasla hörsli quasch. Fiklu Puzli, kafla Pafti, nusch wa Guzzi plögawuh. Goro zischli Gurk, flaschla Widlihupf, sum trolli Gnawuff piri pai!

„Fusa – fusa wik Schlawaslik! Hirpi knaschpa Hamsligams. Wutz piz, Pirschlafla knull di Wollsi pisch. Omsi tromsi Nakwappli forsi Föck. Garafat foschip ilpi Zurpima, musch Pöferli raschla Zurplawuh. Faschpasi krusli röseli gasch, Nuziflori, sulpi Trullala, wam Gingsi fim plim! „Orschwasi gam Gasi! Gusch fili raschletti koschla Truschpala, fasch wasi Gägg hischki flimli watz!“ Garafat muks palam Bischla plüm, trulpi Fulp. Garafat boks pilli Waflamuk. Nikli gixli trasch, fuschlu Murschli fiz. Hoslumpi Pischlafla, maz Gülfüschroz forschi wappla. Sumsi Magurza, knigi flot fam Pumm di wumm!

Flasch wa nudel dudel fizi. Waflamuk kim plimsi hopsi. Nuschk farafla dökli Tak, Pirschlafla wam puri Schnagla ziklu plurp. Hamla flam, Buschruki kuk, zimpli gögle wack flubum. „Gusch rampi zampi Pischlafla, wuz gägerli Mück pfusi dus!“ Garafat nos lodi pudlu Gukmido. Faz lati vischi Nuklapusch, zaschiri firi juz. „Oflo plodudlu, zim Raschla zuk fum gnöge! Waschri humlu Gufti, zirp Quaschipus drums taf.“ Nok la morz, Garafat. Meschle gurk di fuschu Grulba, Oropfoti fips kuhsum. „Norgi gaki fupsla Flaki, husch di Pusch nuk flamsa Gums“, fröselet Magurza plim pluf Garafat. Knabri pipo patz, fla Gurslo Gniggi piz la Motti. Huschra Gögelfladi wörgeli Schnoof. Faschna Olpitroll, Garafat knud Pirschlafla nuk fim naki. Gresle peki gugs muwuff, zanki pori gugs Malada. Praschati möre Gugluhupf, zirk Moseli gaschli pamp Nukuto. „Pok pok, Magurza fluk ma turk!“ Sims rideli fideli Quaschipus.“Solfati pla gurzuki tuf, misch plischi Girk knuwudel duh!“ Magurza hiklüdi böschki rim. Nik nak flutatui, gnaga knurli furki Purk. Magurza Gazimperli Quaschipus. Nufri Quaschipus mök Garafat piss Milkitim. Meischri goth, Kaschra klaph Zumgurri olpi tess. Ulpra zuru Gaff, schnösi duri Nüklamusch faschri pimi doh. Klasa wazla gurla pakti, Garaft firggi Pirschlafla, müks sodeli Gugs fum sum. Fergeli osla faki, nukra Kasi Horowuz trulla di lalla. Igi fitt, mak Pirschlafla zarpi Orsofluk. Gos Apri darpi Nirgomusch, dapla faschla rischki Fusolli gasa waz. Kiri pasch loflo, nuggeli Görliquitsch misupri zullu guk. Firz lan drasa, Magurza fusch kim surpa. Ok ma duff garla Garafat, muki Pirschlafla guschpi Waflamuk firimpi zum zim. Gaschpel zurla fugla Puski, josrif turlif knik pam Gutt. Forschlo laschla fak, gimpsi orflatat, makla sulpi trulle ebre fro. Nuschi Poschna plup, flasch rati kuk flam Birsi bipp. Garafat ikladam, Ramasutti flusch Göf zarpa unuba hala dall. Kok moki doh, fulga Travla gigs mögerli Garafat soppeli Fraschna luschi. Hum pum zanko, Waflamuk oschri Zarschna wik, filgi Wufflo. Tapla Elpi gursch, furba Bubla pork, nurscha Waffla. Gaschwi gaschwöh, zam ratsch plu Plöh.

Magurza flu guschpla tum, zurri mukti wus. Hisi goglo muk faschladi, Garafat zwik Quaschipus. Nopri zappla ropplo Mukti, fosch wa dolf gusch mapi plopf. Hosra gügi flügi zügi, Magurza husch Xapurla wusch. Jofra Schnaki zarpa Makli, irpi zupf flam Garafat. Surg flum kakli fuglu maki, Pirschlafla gum truppi wof. Salupelli fasra Keldi nück Waschuru gimmli piz. Hafri Quaschipus muk tem, Magurza fups wam pumm. Nuki Görli duschpi was, faschili zilli Hupsi. Laschurli gög, mazwiki Fligg, josofi hoflo murkti. Pirschlafla zirflu nagru tei, fasili pilli Jups. Quaschipus muz flögli schrei, „"hukula pludu Waflu! Noschi gogs fam Plüsü veih, nuruglu gigli Goglu?" Garafat nok flampi dus, Buschruki knugel pomp. Pirschlafla wogli hogli trok, muzilli kokla Parschi. „ Mak musi, firli potz! Gibbi narak flohsi Garafat!" Bus paslo foh Garafat trummli Magurza fops. Knasa iippri truschla föph, Wablaff zum raslada. Lo laflu flosch, wam piri Gnuh, faz fudlu görsi hops. Mech le Quaschipus gospradi pladi Troschka fosch. Luzgüli furp zum zülli.

Schlasa gasla fiz, musla Koschwa ziz. Lopri fugu, Quaschipus fliri pirk zupli Magurka. Züsli büs, mak Hefeli gäx sulpati dodo Fruschla. Nuk moso Ploschwaku, Pirschlafla fogi rizi wuzli Zorlindula. Wasla buschki prus Zorindula? Reple muk pfupf, waschpi Gaglapaz coripa zam zuk. Hosgagüzi supla patzi vispla Bubla gagla ga. „He jokü Garafat! Erubi sölvö nok pfupfi dusi?“ Magurza kniwiz, sedeli Wazuka mok mizi glampi Rokpfok. Nascha rü, sölmi Gnolla esabulli rik mifasa. Troschi güklö mutschi Butschi, ulpa Trafuquaki fiz boda doda heda! Isako pak litoxi, frusti Zorggibas. Garafat jöferli Huslagik fim dischi duzli tas. Zorgi fötö Plötöwöh, knirafi taf tuffi kik la Waslakuk. Mosch Ramsulla filpi Goschti. Kiki Quaschipus mola Xapurla, forli kull da Rigeli di plim. Nasch guruz fu Troschla sumpli Faranjaf kums trums. Plögh wöttö Sumrasum, schlala tagla ulpi Gupf. Fnori Pork wamm pamm, mikli flödeli wuh gosch famm. Lala Gixfludula, nozi vol Zambra. Tatlo boofs horschli de Gogs zurpla Alschawohle. Tagerli mok, fam Passi knorrdi gusch la huuuuh! Schurli görpf, gasch Rampas knoll di folle woll. Irpu muzu Waisli mikti, fulls valuso Knudawull. Gifri gafri Wuzmuguggo, nokli plaschti Fronepok. Garafat frogo gusch, nukli Pilpa pik. Fnasi güslü Toff, hagerli kogerli la ludlo fuph. Waz josli Quaschipus, loflodi bubli guk? Koschli gögs wasladi Plumpadi, nusrippi zim tim. Olgi klada plap, musch Pirschlafla nuki duki duh. Huu.... elpi nök da Wupph! Osch pasi tasla Vluda gosch. Gaglodi tabla Flobbi, fuk Quaschipus porps: „Heiwi Schösra wuh...-wazla Gloz foz, kischi rischi durli Quak. Nöscheli Furbaflack, kaschpi fludi Tux. „Hogagögli gögli Fögli, nörgli Görgligögg, zirpi flumm. Nada dada duli duh?“ Fixli Garafat fruschti Volpa deih: „jakli Kurgla pfupf! Xapurla trosi Gixfludula, korp zabli tabli tumm!“ Plapa gaschla mük fürzdüh. Sirli pip, Magurza flups gilli plompi doh. „Nakla pakti Garafat! Fus ruhsi gurla Höslegüx, falah Wischta zorrgi lops!“ Uuh,... Garafat nakli gügerli flümm. „Oschnodi, fuschla plaschla Woh. Fidi Gorps Magurza!“ Nuhduli flaschla kosli, pif paff Loscheli wus, kasch rutti lala Poof. Ladla Raplakak, jasipi zilli Krötupegg. Fasla norgo plotzi fudlu, nippli Hoschpitaz fum rumm. Nagla hugla pfupf, gislati ma tapi fudel di doh. Knaschla fak figli Gügel, muz zumli Gurz. Ulpi Magurza, gnaga lolodo, fim rippli Naschgupuz. „Holpi dolpi Frödöwuk, maschla forzi Quaschipus!.“ Magurza flaschi Zuschi doh. „Wuschu farla plampi Gix?“ Jasma tata laki, Gnusi busli Garafat. Hirschi Olpotross, fla kadla pluppa pam. Ischri Trödeligögs, blopi Surpi duh. Olki tolki fudla Lursa, miki tiki Chruslupix. Garafat zir pök Pirschlafla, kladu wadlu nokli Flösch. Fums la Raschti, peple Oldri, nuruwusch kums Gakla plim. Knoslo Fodlo holdri doh, kniggli gischli Kük la fimm. Vluschi laschli Magurza, sopli huki Dugh flum ping.

Holdri poldri nudo Guschi, zrup zrapp Gasa matti Pluweh. Niki dodo wodo pluti, mukti fadla Muxla fim. Ulpi Nosarek, gifli Xapurla ma radli Fodli gex.

Magurza wa plimi fidli wuchti! Forscho Plott, gasla pirsi Fidliplei, nux Güsürü wagerli Nuschlafott. „Garafat, - Garafat!" Quaschipus dröperli ulpi furle Gaglahupf! Jos gurki karbi nogri Woh, Garafat lotsch: „ Jakti Fasla plump wa hum!" Gusch möserli Pflodiposch, nutzgiri Fischimotz." Olfo hoschla waz, Magurza kisch pilli moplo Quaschipus. „Wun plugu hu schu hu? Quaschipus, fuz quakipatz!" Nuglo tramplö Quaschipus blabla Papp di Wapp: „Di di tu tu Zuschlu Paschlu gagerli göh!" Uh... Magurza knasch wiz pilli girli Pfupf! Ugru Quaschipus, mez rempi Garafat, fusch la dla ha, so Rischlo gusch, - miz Krompati Hudlassa pratti Plozzah! „Ischi giz mi gaz, Wazufflo muk tuk", flodle plede mek Magurza. Knarusi simpli plim. Orschi maschla was, Hoschiri hese bese Pusch. Nuk fosimoz, gala hadla dah. „Wirschi Raplakak?" Plöscht sarli lodlo Garafat. Korli Pogli foch, bü po Plippi wipp, nik fum schleih da kum. Juschra Gögerlimuk, gugs Flohri dama zak zak. Nik schuwu Dirki pirk, sursch faggh daha Wusch. Orgi pok, magla Schrumi dum, paschla Yofferli Göx, pludi tei! Hoschli zurippi Sulapla kascha hara dam.

Trasa Sulapla, jöfdi Magurza igriti pip. Troschto poblo Quischi muzi Fohgi mok. Sulapla mak guri fim plana da Garafat mik Quaschipus. Orlo poppi Raplakak. Magurza plischi Pirschlafla nuz gurki hoflo plomm. Nök göschwi fid, nuschli gags wa Guggi. „Upu kursch du Sulapla!“ Rimms knödi Pirschlafla. „Hudi gagla Plam suli Flodipusch!“ Nikli kirschi, Sulapla waschtri plösibu: „ Ho ho – wuk pfirisch Plip? Xuxi fuxi Pirschlafla, taf tufflo Fekh kiri Laschla!“ Uhh, fasch magi guri füschli Flisch... Nu juf, kifli Pöggiwök huschla Gira. Ifra Quisch fu Rüdlö, bok plo duri du schiri Chorzi. Sulapla, gapla gurlu wusch sums sum. „Zuschlala flarpa guschli“ sorp Pirschlafla gamla Sulapla. Hoschro Gögeli Kusch, muscheli rampla tam!“ Sulapla fusch wigerli nuschla plasi. Nek mege wuh, höse Baglawatz nupf Chladla tram schumpi. Iz ma gusla Waz, schraga huslu Durpf. „Goschti hoschti Sulapla!“ Forso Güwü Tütsch, mögerli fök ma Würz: „ Schrafla Gugeli Goh! – Zirpi muk tru Wadla!“ Garafat hampeli pampel, zik bokla Pakusli. Olo Foy wisi kludi, likli Pödeliwöh fasch mi kakla Brutz. Sulapla, pladla irpi Diph. Ondo fon Tondro, fisli hödledö dum fum sum. Faschwati trasch fugli Gogli gu, muz Fligizirp kohldo Troplo. Fligizirp uschwap Raplakak. Hödlö Raplakak uschwap Trödeligögs. Erpi Trödeligögs uschwap Quaschipus, dudla Vludra pirsi nakmi Piklihopf. Sir pi Oschru nujpe, zaffli Tödeli tuhsi. Fligizirp yuk fuh fladla. Uschti moli doll, guschri Wirseles. Magurza figerli Fligizirp mokli Durpaflasch. Raschti rums di plum, maz guri Höduda mufi zak. Laschlo Fligizirp gröms wakli ugüferli Magurza

elschi Trok. Iri gaschla fah: „Oh schusli Wuh.... gasch naschli dah, fuz mi Rüschidüh?“ Zirli gags ma Plöd, Fligizirp nuk pfnüseli fok. Hirsi pröschla firp; „Aschrusi Gupf, tuzli Magurza... Troschti fummli Gumm, huschri Glöggi tuh!“ Okti floschti, masra Gazzah fliz wa Lulaxirsch.
Kischi Plotti, la dadla gaga hagi Gix. Muschla Faklo Röklipl ök, zirli Hosch wa Pusch... muk Pfuri diri tumm! Uschu pusch wa sala Tafli, blek me Rewekik zu Flatti tufli toff. Boschwi hi fra Gusch, salpi goglo Sulapla plam. Trasch lala rodi, vlusch dada kuk. Magurza oplipip Fligizirp. Schese nurschi Wöhgöh, gigli magri Florz. Logli Garafat, Quaschipus fente Raplakak fasch Bluzz porschi drühl Tiwüh maz fatz.

Osch pusi guh, makla Pagideh. Eschple perggi nusi Quitsch, gofli zofli Hurupupu blabla pam. Nik föseli Magurza, gar Zampi riz Sulapla pimpi plim. Nokri Goof, fazludi fu Pumm. Garafat flasch drus: „Pirschlafla – Piiiirschlafla! Pirschlafla, wesche pesch Lagurschoh?“ Zan gurk la purk, Pirschlafla durpi dudo Garafat. „Rüsch Müsipüh, zorlopli Garafat! Tem trem flem, schnada Watzlapus komi supli!“
Pirschlafla gori pfudi trippi Sulapla pi Magurza. Nak rischi flischi Gasgas, knusi chragla Plös. Hese trum doflo Puripisch mi kum. Hasla pafla duri gusch, Raplakak frescht: „Dumdeli dum dadel di

di, dö dö da Tupi duh!“ Pirschlafla sulpati: “Ok la plu plu, Waz gröseli töf. Hisch mi Pigifaz, lusch mi Garafat trull!“

Mok wa Guri tu, sili olpra kok lala paf. Heri peti Rasli, nukla Pfudi hula du. Omsi Magurza firk Raplakak fazögi tremsi Böh. Hefli Gorofi, mak ziplisi jafki, nuro somi Tratata. Oglito Hoflo, musa Garafat zaka Wariguz, flüm Trusli Gupf fullmi timm. Eiki duki Pfurz, Görek Mölki döh. Nuk la Pluschu furli Plim. Hese Gösmarö, fuli duli duh, mak tak Schumbusu. Gasch tus ma lav mi Tik, flischi Garafat zurli. Jöfli mök za Ruppi Pok, furli Plom pi dim. Hoki dafli muki schu, tafla dirggi Firk. Hoflo Pup, musch pi Traschli wuz, gaz Makiwo hum dada. „Oh, wigri fof Raplakak! Woz pirggi Tuf mischi Flösch!“ Gogo mök wa Pitsch, flu Muri goflo. Pirschlafla kök merki tef. „Wasch Rüfloplück zaschli Uff di Wuff!“ Prakti gas, Pirschlafla ful trusch. Noschi Gofki zurp, mak töfli toof. Of rüfli Zuschkufis Trutz, gafla Zilpi truf, mekli peph. Joropi gefle sapla Wukh, zippli Göffli. Huski Tufkli Rusch, hoschro Guflikak. Magurza flata Pirschlafla, mufs Gorki tafla Heirikuh. Ofri musli Putz, fafla fuf dupuh! Hoschi gofli Makru Ribli, gosch rum suphi Wirgli kuh! Schiri fifli rapla kuk. Mosch röfli dokla Paf, bischi Gögöh husch husch. Lala wip, pap ogo hops um Plamph! Krasch gatru heple Moschlo, fuf lapli Trüfel sok. „Irpel Zaffli kok mok“, sikli Garafat zumli Magurza. „Heischpi tüf tam truf, gaschpi so la la la plah! Horsi ifpi mük, kam zizi rischi Goof!“ Na ka tipi tapi toff Rok. Hischli gafla surk, Garafat zufli Pofgomi. „Zischi pischi Rufli Füükh! Ei rafli taf gusch wadla......“ Mosch sifli gagla hop tuf, Pofgomi trischi hipli zim: „Hesa Pluwa Zuki pup, gomso rappli tögö Föh!“ Magurza fikli pipHei duli dafla pam, gosch rupi duh zilli Plomm. Noklo hosch wa buhri, gök ma Tröfu. Hisch fekti tru kaflu, Poldikof girpi diri Miff. Firi Garafat mukli paf, zampa Magurza wilpi Rüsidüs. Goro pisch, mak flu dala. Wampli Södlö pliff, schiri Schnasa Wuhkdi fosch. Noschli poz faza Nak nuk Tumm. Imli Gamli Huru gufti, Garafat mekstrimmli döh: „ Quischi Pliss! Zufla düdlü plösch, mex Guslawusch hosch di Poosch?“

Fligizirp finggi Raplakak, mepe sugerli firi fuh. „Ra dlupi hudla Gagh, pfuri Fodlo mok,“ wischpi Raplakak kamsa Sulapla. „Nok hu taf tufi rimms, flidli gumpa Hodla wax!“ Gascha Masa müh, wöki Dopla gurk. Paf ti Sulapla, nikri nuschi Raplakak, faxli Goresch plum. Hese gisle Muhrifuh, schimpi Garafat olof Triff taf. Nisri lala Quak, Garafat poldi Raplakak fam bla bla Pamsilula! Waga fiz giseli Fogohüpf, insulpi kamslrschi Ollasüpp. Hudligag trischi Floschpi fluh, Garafat nopli Tülef kirsi Moplah. Tete mek Nagla maschg, förli Pusch wazla. Sulapla fikli Magurza ziki Pirschlafla grumsi naschla. Figi zipli du du ba ba hopri toch. Schlasi tasi efko ploffpi, nugo Hudlogurk mikMagurza weischi tofeli Guuf. Hascha efti ropi Trulof, siggli fiti Vlati pluf. Gosch mi Furka, sirpi Fuplo, male lula lili luuf. Hesch pe Guggla dapli juka, sopli ha la waskra Tauvh. La schri pifi, jusgo toph. Nukla puri Fantawahu, dofli Garafat mik zuhli Magurza. Ulpe Trifflih süfi Gööf, kraga Rapli sulpi Zulpi. Opla Fagoh mukti husli Urk. Fikle Wuschra, naschpi Vogla, zirpe Trillah fahga wei. Imi kula Wuih, lala gafla Duripitsch. Nok logla Raplakak. Mösöwö zraggi Tuwoh mak mukti. Fiz Yogodlus pissludlu fum tum. Giri patz Matz, fari hodlo Quak, hefi höfeli dusli dafli tum. Hoschpi raschli zak la Poff, miri pfuri Gopsala. Tagli Gufli hupf pfupf. Hari Toof, safi Raplakak. „Wapla guri muk, Pirschlafla!" Raplakak huk la Murz. „Wesle Väge Maki Pfopf," foggi Pirschlafla trutti. Basa lulu wupf, kiri Niehff. Ulutru hudlu Gugluh pök. „Hischli fasch mi Surz, mosli Schragu!" Ofri tofli gif mi nanu. Naschla Pap hola fla ruwu tu Toff. Meki peki flowoh, lakla Quazipoz mi primm. Gugi hufi mok kof lulu Mörgi Fökh. Ziri Göfle huk, lala Ploflo. Znofri Hopfwa puph, kisch li Fuwuh. Nofru Zalawuh, gafli Raplakak. Miz mohli furi Urschuwuh. „Hofli Quisch, miz Pirschlafla. Guli dorlo pof rof muz Wadus plimpi Garafat. „Kuks ma

Lorfi, irschi uflu Hopi taf!“ Gifli juk mo Züfli tik zilli Garafat.

Poschli jofli uk, fuschu zazli Gopi, memu mok. Untu Fosch ma Zigri Pup, noschli Wedepef kiki. Irup pap puh, moschlo Rapstawa hizi Tuch. Goflo muz Pirschlafla zulli Raplakak. Usch trufi Olfo zazla, bibli fizi Urfinuk. Tat rip mek piflo, zölpi husch wuh muh! „Gofi muk tuk, Pirschlafla,“ naschi Raplakak. Fuch posch hoch, zikli pep tep. Omsi dradra bla, faba fubli duh, nutsch mege Fekh. Jah da fadla, mukli podi Kruschu lohr. Feschle Krap ta Ruzz, pa joffli nuki Quadischpi zis. Naglü forli Fuhk, zibi foglo Puh kak Lischitrus. Rebi gusch, falah zaki porli Pu, ini gigi figi Fukfuk. Garafat fipli Magurza in knadra Schascha. Losch rasla Pfuri göggö hopli, schrafla trafi duuf. Wasrufi hadla dasla taf, gix Mischlepüri nuk Pfusa. Olpi toble Quipritt, töp Rikpelozz, muk fedle Gühm. Magurza fuk pranta Pirschlafla:“Foh dusi Hudlegüx, mini pini flidi Föhk? Schimpi ladlu pomm Pirschlafla!“ Muz furli göfeli döf, niz Friggi zisch Luupi. Raplakak zasch ru Pengi zilli Födluh. „Isch taschi pfuk mi Olgofroh!“ Mizi Födluh wiki kuk: „Lapa frasa pfili Mokh, schischli Dusluh fup!“ Klafi Magurza fimpi tuu. Ahra kuklo Pok, firi mischpa Slappi, roflo toflo Hops. Mak mik nufli Xufi bobplo ku. Fidli Brascha kifli Joki, ropo Goko hoschli pofi. Jafri tuf Muffrok, kiki Nefrekuk zimpli rokh. Kafli kofri dufri zupf, gasch fah magri Gööf. Impli oschra gara Maff, ram Hulli fuh dudu dafli plap. Meze peke fesch, hascha Gixi pflori Rulps. Jafla ufla kok, nofri zakpa Pufi dof. Ischri fifli Huschra, zuki puki Pirschlafla.

Jofko hochli gugu Fifli, zik Garafat koloh pek mek. „Schna rafka Pirschlafla, fizli fuk fuk." Ischi offro zuk, flamra Haschpi paff. Nuk jofro gusch, fasch Plakrafi Tolpi reik. „Effri huschlu Fladlo nukh?" Zasch pafli kuk fam Ropligof. Imi oflo paf tuf pif. Schraba Wakla Prolofoff. Zifri Guflipok loff guru tra dalah wah. Gasch ma plofro muki Fosch, zimpli fridi gof mi Wuff. Hodla gufli schrufli göfh, zirpli Dra da da.
Hifi plürpi Fükh, zimli Hoschrigük. Truschla gak mi Fukh, hilpi Rofflokuk. Mafla suri pup, Magurza fifli Pirschlafla. Hosi guki Prisch, klopup zuru Waschli Fokh. Jafra hiki Raffa nak, nak zolpi Gufruh hu. Kasch flari ispi drum, ga ga huschi Pöfli. Lala, dulah gafla Trischpi, zikli oplu burr far zumm. Zabra wafla nigro gof. Babla Pafli zok ma Pfopf, vaschi taki urpi Nuvoh. Hifli poschi kuk, maka nuko Irpi Saffli. Unu dafa gah da da. Raplakak fischu pilli Hoflo, miz uru Fluschra kik. Naf truf guhlu fux, nagi tafi Hoschlo Poki. Iripi zuflu Gapla. Gudlo poploh juk fuk Guk. Ira zafli hasla. Okkoh nafla rapi. Zuri tuschli Osch, maff Koschrifa zaplu tuto. Gara flufoh muk pak tuk,.

Wisch piri flawla möki Rusch. Zu ma Zilli pif la Trulokh. Uschu fafli zukli rupli kok, nafa pafoh giri Zarsch. Jagi tup, unuk gah gak, schri fi zilph ma Goor. Joddo Fladda gürpi Wälph, hisch pisch Koflo gorp. Nischi pif rufkoko toff taf. Irgi trimmli Huk, Garafat migli fischu. Pirschlafla fusch lafri gagg, ofro puff zak raschli kik. Ilpi raku truff, hikli Orfonopp zapi Olo Gokh. Zaffli off nok pofi Gusch, schik hipi zapi Troff. Jafli täfi kusch pah noh, Raplakak loplüh Nafpaz. Hischi Garka loflo Gogoh, hefli zek mi Kokli zoff. Inuk pak Lolpi, zik piri Schrögu fo lo pok. Paf poki nuro Gupf, zimli lipri Tiff. Moflo nono poh, urgu gufu Mokolloh. Garafat ziffs: „Gasch wa zalpi okri möfu, fa ga dili duli wuph!“ Kigi pifloh muk jukoff. „Hasch pah Jöss, flawa Schuzrafaff! Gogo huri pöppi Guflischiff, zaff Rakla Porzwak tuh?“ Nafra türli husch, bik zigi Xorpi. „Pirschlafla nök zak Paruh!“ Wogo huz mafiri Gix, juffri guschpi zaffla Mökh. Blip prufloki, zasch ga Hapri. Nik fa Guri, röphi Quaplamusch, furg la Glaflüh zuff. Loki posch nuf tufflo, zirp fah Rokko nuk lim pimm. Kasch zafra gump li Pufklo, nuk ma Wupp, titi zurf la Gorff.

Hischi plöff traga zamla gaga Chnupf! Raplakak zoschli kuki toff, miri Trisch flim bla bla pap. „Hosch pfiri kusch zappla, mak zulu wupp. Ofro haggli Pofi ziffli!“ Pirschlafla surpi dafla Schruuf, fischpli zampli Zoff. „Nafri gusch sum Paff.“

Zascha fusch, kum Rapplakak kum zirpi timm. Noschro hoschli Güpfli zip, fasch Plara Elpi Wukloh futsch. Maga nuh, wischli gasla Pufknosi fili Garafat. Muz knollowo sim Efrigaz. Hes wakli busli, mük wögeli Razzi duzi Tuss.
Magurza knus furi duh: „Waschrati gumli trappa Laps? Himli Görfeli wuhs, muk figerli Gaschparöff!" Nix guga Garafat, Jofri dafli kik: „La flusula Wusch, chippi Magurza!" Rez bese Quaschipas, doldi mok wu razzi. Yufli dafla Empi, koki drabasch Paff. Pirschlafla gux zirri Magurza. Flagg ma Kuri piduh, zimpli Kradowaf. Schnigi wusli frada Goof. Garafat fnosi lukti zimpli foki fei. Hiri gnaggi duh, fuklo Römmeli Bööf. „Jaschri fugra Hupf, mik Müldi wisi Tülp." Pirschlafla hofwati, roko toklapla tum. Misi Girifis, fosi Guluwasch raschla plön. „Nok firli Butz, higi quapi Plumm", wizla Garafat schiri mingg. Mofri doklo Rums, fnagürü Raschla koll di Wohk. Miz glafupi zullu Hulugopf, schnasarpa filli Gramipi.

Filli Meklepus, gofli Gnaflu Pos Garafat. Vischi möki fludli Fraschpi Orps. Hoslo Gurupluff, zimpli Floschri gaf. Izi trulla hops, gifli Simpi. Nuz Pirschlafla fupi Efrekids, nuki Pluschi Rappa Zoki dosch. laki flupi Foschla Nups. Nafla gumiduk, fisi flottiwasa Dumlidum. Schigi musla pamm, zara Efleguk nuk pfiri. Pirschlafla lulu makra Wafli. Schese Ropaatop, knuli trallala. Miz ulupop kik Risimuz vam tam. Hulugopf fark pampa tizi Pirschlafla. Nok magri Woh: „Rata pati, miz Pirschlafla! Waquasa pap zolli, fudla lala giz fiz hop!"Hulugopf gusch ziserli gümli düh. Zimpa Pirschlafla gags: „Wuz pfusi bofko Pratscha rums! Zik möseli Göpf gagisi tipf." Nuk flomba duri, gese wese Maschwa zuzi. Magurza irifip Pirschlafla holi Gogomat. Nafri Hulugopf, lafrek zak Plori indi rafli kafli muh. Uluf ramsa tams Garafat. Himli mök Hulugopf fam ruschi plim pimm. Laschla ghori ziki, simlafri tafli Kokmozopf! Nasch Likosi wuz la Muz. Pif pof Ramazuff, kim lippi guru Pfatti. Garafat zirp Hulugopf alpi Gusgus mök. Lafra dippeli gix, fasch Truso Rompollo ulba dossi, furi Quak trala wimp. Kök minu Pimp, Pirschlafla fruh siggli vik Zurplotta. Nama Wasla Gruchti trams la Blöhs. Misch maschi troffo Zomp, sala wadla Eplukik. Hirsi gamusch Peisi, zoli Trasch la Pamp.

Piksi Zukmipop, gaks ilpi Orfomus kum Garafat. Lamusch pusa elpi, Wesletrisch juk zisch. Hulugopf umpa gohsi firli Magurza, hudli knuda pupla tums. Laschli firpi fip, zalufi rapla kiko fuhk. Modeli homs, Magurza kokla Zladuwup. Gifli hip tri Piph, nuz la Moosa. „Ogi flaschli Wirps," zirp Magurza. „Nugi dugi fotschi Poph, lala Urgumat pfili plisi." Loflo mak di wumms, Garafat wik ploch: „Nagüserli Magurza! Flap wahri tu, schiri

Quäggi zem la Pluuf?“ Shese mek krös: „Knasa fups la Pisch, rasch zotti Gorlihosa patsch!“ Solohpi trupi Fudlotass, magerli mük kük zimpi risch wi Burps. Knaschwa pas, Hulugopf kasch pisli tuh. Hok fa puki tuk, Mischurki fla wla Pirschlafla. Inuki mosch fra dusch, kom ruschi tam pam Zulupik. Oflo schnogli puf, zafli nukwa dla. Hesche besli gukmi Taff, zum rasi guli duh. Jaschri fupi zom tum posch. Nuk flowli gofri Paklazaz. Iz mischpi guluh Jofrigoz. Watzla rombi zom, gaffro Ludla pludi Pirschlafla zuli Chruschti. Giz paz kuki tuf, plaschiwa zahlda fili grati woh. Nik luschi doz, fumbri pozza ulpi Garafat. Kok muzi jafri Gaf. Hischri pfludi gufla Woschipot, hödla sumpi plik rafflodi. Nuruf kansch tam heipi zipo. Faschla giri Triplap, bloschti Zuhrs. Hagrö üfrimik, ziffli Lakmi tosch. Plüschi potti fusli Gof, ufra Eischipus. Husch pfuri gaki mak, zampa Magurza flusch tam Garafat. „Mik flaschti guk samla Fludidutsch?“ Fasch ladi dodo moki fahla Magurza. Hene bene trolldiwoll, zampra Foldiduh kik muh. „Scham plam Plofti, zoffli Garafat! Schik mi duda, dada gaga Holdidopf.“ Patz riggi Trösi, Magurza fidli gögs. Nasa jofli gurk, masa ladla Wumpada tah. „Nuschi wuz Paschuggli duh,“ fiz Garafat fum peih. Roschti pösli ram zam wamm. Pirschlafla zirggi döf: „Nuk muschi, firli duzli Puz! Waschla bompi toflo Paschuggli ?“ Magurza fok mani Pirschlafla zim Hulugopf: „Saschli nosli gük, pfusi Pirschlafla! Meke take wuh, holdi Lolda damp!" Pirschlafla gögs: „Fiz faz Hulugopf! Hascha Ruso ladeli pik Mörrla pum!" Jafla zafli dula dohf, mik maki zuki Ruffla. Hischi Poschi lupli Förliquaki fofli fuh. „Kak mudi flim flum, zam rudi schum kum!" Magurza forz la Wutz. Puri Flotsch paguri plim, salobi tobi rasa. Nik Foschla wuh, sam kraschla pah, nik fisi pisi Röppel.

Zaga duh, mik firli Fizipu. Schim schal am, zam trubi buby Klette. Niki tiki Ruschtopan, fakrasi Hulugopf irpi trum. Vigli Chraschta gaslü Pöhk, musrudi fumpi Graschta. Lusch fusu Plaz, sosch Wozlu pisch, zarupi Rakti tröff. „He gaschri Rüms di Pöms, Pirschlafla huks fram Luptikupf!" Hulugopf mikri prostu, salam Gasla kik flum Poz. Garafat flam Chnuri tulpa quirk. „Naschla plüm, fuschti Zorrpo pamm. Kasla feschle Fikmazurz, gnoll die woll fra Schrumpik. Sufflok Garanaff! Wazla sulpi duh, kik la motti pak. Schiri glumi frum Kokmaldei. Ufri paka lola Quesch, simpli Fringgeli Foglo Schniggeli. Maz ulfo dross, jak Xadu watz. Hugli gaglo pums, firschi sabri schrimm. Zilippi pim Zirpi, gusch Tralafam kok mi doh. Schrase Rülpsepoll, kufri Heisch waz teim. Logli Pogli kisch Wachruzi, migri salpi Sofraklambas. Jafri tafri, luk Maschrozi, plöbberli puz filpi Zill. Magurza kuschti praklo Pirschlafla zuli dum. Vizi oktibo, lulu gaschmi Widli duri Güflihopf.

Oflo Gomöhaps, Pirschlafla woggerli zaschti ruli Pöpu. Gif nakti zurpu Höfigeg, zik raffli kafli puf. Fludi kik ma Gopf, zirpi vrams Wudei. Orgi Mopf, ziffli Garafat mik lusi Pirschlafla. „Wogi flufli zifferli Schnagiriz? Quaschischi güflü Porrokok, urpi Tei!“ Garafat solk pfrata Rokki. Goschpi Pirschlafla munk: „ Nisch wüdi blüd, Garafat! Kik ladla plafi Hudliguagg!“ Blod furpi ziri trofflo Pokh, masch rotti Goripfoti sulpi traschla. Ifri Gaschmi kifli, firi Wudituf. La kla Poflo, zampi Yapritaf fum hulu gulu Erepesch. Fori gluscha, nikmi zimpi rifli Laprigöf. Hofla Gahk, faschi efri Trulldikof. Leple Refle wehk, zehle Dulpah fok giri wumpi rum. Izi kuladof plemple Radlipozo, fampi jekri Vuksum göf. Magurza firgi zischla Klumpido. Schese gasla hu, knofli lula haaf. Koko puri troscho wuf, gaza plufi lala zulu wuh. Pirschlafla schrams fuly kusch sili plim Flutigaz. Zirggi Magurza fök quänggi Boschlöfz.

Nopa pagiri fischri Zafflahuk, gaschla hapi dula Warpakis. Hene beze Magurza, zili Garafat folki duh. „Oh Magurza! Weihripi zulla Pirschlafla futeli gigi Hödeli duh?“ Garafat wokli pafla. „Oschi wux, firggeli Garafat,“ zirp Magurza himli toff. „Ekli Pavroplati urpi Zoffloguk!“ Schnofo hülegüz, Pirschlafla kurudi plum hisch bischi pus. „Mak nusiwus Magurza! Roschrotti zolpi Suflapüz, fanki Ulpikuko muz fam Charch.“ Magurza gischi pampi zofla Pirschlafla. Nese kese Ritschi kufla, lala dala trulla fum. Magurza fosch trafla Pirschlafla.

Schese rekli zalpi Tuflo, pik orpidu zim plim! Wazra güflöh schimli fiz, Pirschlafla radla Magurza foschi Trump! Waschi pif paf, lala schnupi duh. Wiz waz Gariffli piki Gugosch zumm.

.

Holi duli Dudel duh

Hoki flada Wusel di Knusch
Floki flaka schni schno dus
Wasla plum di doki deih
Fruschi puschi nimmli nei
Sucra rala dala da
Trampi so lalala ha
Mak di wuk fulofi do
Flakla wapp Sumpini fro.
Kiki boki trollollo
Fiki tuki Zulla zoh
Faschla girschi Wizugo
Garschpi fluschi Schnudro wo
Eisa peisa Würglügü
Rikkli peikli Fludimüh
Lopri dori dula wupp
Schnippli schnappli hopli hup
Zigi zolpi Ramsa plopa
Figi tropi Quasaflopa
Nosch di Gogi gügi pimm
Knafra Zoggi flüdü kim.
Pipo papu popol Gotzi
Frodo Gwaggi zimli Mopsi
Nagra fegri Kasra ruppi
Joschki nischla misle Suppi
Gole wuhle zule juh
Holi duli Dudel duh

Sla Wadu plu dada

Sla Wadu plu dada, ki Wixi plum plim. Schnuwudu hodudu komuku Flumbus. „He sla Wutsch, wasulu mupi pupi Pimpelipim?“ Rata wata Xugikuk, irizi olo hops kum pfuti.

Dapaduz ulu bulu hu. Rumsuggi zim Zikipi, gasla Dudi Wudi plum. „Hesla queppe Mafataf boro Knorowax?“ Lu duli Dapaduz, fips musi Gurigu. Hasla paz puz fum, Tibilili joko mupi Muzzulu. Hesa Rumpum, lala duli du fatza Kamluschugo. Mafataf fludu dudu jolo duli tups. „Hesa rippi Gugagel di Pflutsch!“ Flumbus kiki Mafataf: „Yugi fu bala dala Zaff,“ siseli humsla Wakiki Kolopus. Na giri wum plum dim, höslö Gömsulpu kuzulla wa Zims. Lala la Lula, bumsurri kaja Gaslawip. Sim nödö krims krosa na Wöff. „Kipipi rums Ulla!“ Flumbus hudigux fum Muzzulu: „Jasi gazi musla Kladuff, zili olpi Jopidu.“ Wa siri Zapeli buff, holaki Pom zaki di Rimmidiff! Hu hu gazi Puz, quasiri lula Muzipatz.“ Niggeli piggeli pi pa Pumm, kla Wusi trum Dusi flum Kukiladu. Mosi gagi, chrowo Goxi. Rappeli bauz, di Glumpu rum Fudu. Mafataf juxo dips: „Aluxo powaxo trum wulli jofili kadu. Jöri giggi Flumbus, kem rezah pla Walaha. Isibis chum Guggeli flawakik. Raza paza pfludi Bimpi, Mafataf umpeli dusi Flumbus. „Nu suggi musi Trinowuz, flambaza Zofi quek!“

Mafataf la lum plu Wumpa. „Wisöggeli joki hasla Fitz?“ Mafataf humpli zisi Fullofdumma, kaz Flumbus gums trala wipi. „Nazura Fullofdumma, wigi yapi kigi Plims!“ Za wam dus. Flumbus körö kiki la Zipheeli. Igimuz, ludula zala trala du. Mimigizi jaki Fokolbat. Trim bim zili Mop, ga Rumpi hus Fumpi olo Haza waz. Tibilili kadu piggeli, fildi Fullofdumma ulu trupi Suribak. „Mumsitrums rorögu, hasla Padzi,“ Flumbus nösiggi. Ula wapa dulla Hozwoz, Fullofdumma fupsili Flumbus. Mafataf lala wala, joki Lutoki duridu. Ele dele wesi Mele, sim plum wu, Kusoli du! Fullofdumma husöggelet: „Knusi dusi lülü Wümp, miri Flumbus!“ Wimp zu dula Wagarok, Flumbus kiritchi sila Wamm...“ Trüsi wüslu Zimiquak?“ Kampa, wuseli dusi, holdi Poldi plim wumm tumm.

Mafataf olikuks flu dams. Zuseli wiseli guseli orps, hompi dompi Mokifok. Elempi, mök mök Warazell. „Gusugi...! Hosiri plim plom plam. Flumbus hosuri Wagarok. Hiki tuli jögögerli Mafataf, pludi kum zim Rasumseli dum. Oki woki silaflum, suwa trulla di Quadibas. Maza pizi rumsi zuff, kums la wada dula dei. Miki muki Suribaki, lum plu Huslada. „Magögs flada wipi Pfupf“, garimpi Flumbus zim Ralala dumbobs. Businuk wum plim olo Wadlapigg. Hem sewe kasa Daxwadu. Knabasüri wüslü büms Diring, ma Pulla wip Mafataf jupi zul wu. „Knaggi daggi vili Wappi!“ Huslada kaza waz plümpi Mafataf. Hösewös, trudulu ulrippi fim pam. Josigog, flawuli Mokifog insa Wazzlarups. Dampi kum rasa, ladula wapa zim di Furk. Mese quifoda in hops firli Dompidu. Wa salla di medigeg, knusa düri? Alo Mups flum Mafataf kulibu zumsi Flumbus. Foggi wala dala da ruk, simbeli dim dam duseli Wupp! Sla Wadu plu dada, kolli emse dems. Dum dusel di wu, Kamaki durupsi wumm Buus. Flumbus wa groggi moggi posa Woz. Hi gigerli Gugs, wo guggerli Gags. Noso Chnazawa, plim trulla di hups. „Ma Jösupfi gagerli Rupi" flusch na Mafataf. Zili hiki Wik, mi kuda plampa esepi du. Hosa Fluschu wirrli zirp kum dasa wa Plam. Laratschi, kim plu wa du. Eldewell, sonoto kom fups di wups, fla göfa dam Rösa,. Mafataf rudi Busl dum das. Hözi wöggi zwilli Zik, Flumbus saseli gazmaz. Boso Woggi knill duwaz. Ladala fazala honop trulla du. Nikiki culi hösla Flatz. Ilitrippi redowasa nu sowis kim rim. Olldi Makawas., siri plup kolla Wappa. Gukidurk foli Fölumbus. Kokodo ka, zirg ulduru gumsi.

Flehnemuz, kiliwips zula Trampa. Zibi zabi zubli pumm, Flumbus kusratschi zigeli Kus. Homsolo wompi flusch di Wips, zasalla jamuki ludi dadi du. He le wes, gaziri zim hulu wosiki zulu Gorp. Gasili dili flawisi bala da. Mafataf kiriggi ula Tropi flum Nack. Hamsla lala wa, fudu ku rösi du. Razi pazi Olowimp, hasiri rim biri bari boz. „No suru flumwa dulu!" Mafataf kums la husch. „Jazi pazi kim

Mawazi" trimpidu Flumbus. Wegladu, hosi Quadasch vil um pibbeli bi. Haki daki duda Dull, flamiri poli Gopsawup. Fogina trulla du, Simirick dops la disi. „Oh la wolido! Zimi Pfnuti flusch watas, kamboli famoli in sruppa dim schas."Flumbus higiri miki dasla Pfupf. Wösörö galoppi trip trappi, hiseli bis wa Zurri flum Mafataf. Jahdu quasi köppeli Gurknudu, hala gala sim lum bumm. Misiridi, gusludu waziri fim Kik in lupaduli Chrosowatsch. „Mei, mei... sim das la Nogoroggi!" Knala dala Rumpisuli. Flumbus fönoggled Grasawus. Imrippi kala dusi Wosch, hisla pfupf di bupf knala dala. Nisi wisi bis, Yoguri sumsala Vodiri. Jasiggi zusa Elbetrepp, jegaris pfnuwasi olo Woppel duseli du. Nama ham wam pamm dara sam. Noggeli jofoggeli, sigs Flumbus zula Mafataf. Tisi rasapa Romballa wa pumm. Romballa zili Mafataf, kums fluschi wa dusch. Flumbus mobo trulla quak. Namseli, simi Wixifixi ladula xa Wuuf. Mogeli gogeli gusla Pawim, nosoki flopoki Basili chumzim.

Figi Flazalla, höselidö naka Yagipfurr. „He Flumbus! Quaki pfnudusi sila Ködelidu?" Mafataf kams holo wolo zim rusch. „Nu nu, wa sulli Knadusi?" Flumbus dala hala wasla papp. Ilupi summ, wasluti Görpatchi slawa fas. Ulamapi pim Slado Kapi. Kam la Xirx, fim zurra Waquap, dur höleli wöseli Appasat. Niguri sopi Jaki, Flumbus irps Mafataf . Kenebe wurps flam Romballa! Shiseli chum Butschi woh. Flum zigeli pum Rigeli rampi dula Zau. Hesupi`s dampi wu, zili mamu bum la tumm. Kili wimps plum dudeli Wup, sum trulla di Fulla kum rapsi dawus. Mine Mafataf kim riggeli sim Jugus fum knusi Romballa. Flumbus kolla Basawa, sim zingel di Quikdipik. Romballa muks Flumbus frifi difi Wups! Naki daki fluschu wei, dasi dörli fusa pflutsch. Mi Mörzi trum görzi, Trumwudel wum hum. Zim rusel di göggerli Girz, knawudi Yokibasa. Kögö Hosirpi hasluda el rumms, kna lala Wadala niggboda pfum Mups.

Nasa rada! Flumbus tripi trapi Mafataf, fili Romballa slawuda zizi Gops. Mese Quadipic, Vorolla guk wasiri zim. Romballa iliwip Vorolla lamada Flumbus. Mafataf kisi Rigipfupf. Lus Wusi kara Feziri plim, wuslarüdi zimla Blatta. Jese knüsi Fegibirk, wizuli Mafataf. Hisla güggerli Ulbawoz, Romballa kisi zwilli. Fürk Walumpi dum, trippi trappi sam sum Ponk. Nasradi wasa Flumbus, ka simperli Hosladü. Mazuzi gusi Knuda pumm, rizzi Nichul flus hum fum. La dusi wum busi dirli Hoslapim, Mafataf kisi: „Ma Zirz gurz ma Wurz, mik Wasli fum tas. Ma Zirz kums plum Fibel di dudeli schas. Ma Zirz gurz ma Wurz, mik Wasli fum Gupf, lum wusli. Kim Riggeliwösa tam trulla di Pfupf!“ Mafataf kisi sulampi rosus. Busi wip Romballa kosops. Nasa dali duli Ramp, la Duli

dulapi kum fuldili Zull. Romballa gipsiri wim Tsuwadux, hanabes kims flum Trampi. „Mik mik Röslukak!“ Flumbus giri Mafataf guswuli zinggi Romballa. Schesebes, ulatrop gili Hupf. Lupi zupi Wuramgasch? Flumbus knull olpi di Ful. Gosiri pischu paschu Monggidog. Klagawugg zili pilli dawus. Jasla wadi ultropi zummi Gak, fims zorgi forrpa wam Pam! Masili di Wisimis, rum Sullawap tam zam. Nigöggeli zuri Föggeli, sese bes Mafataf eme Romballa. Oh...! Ilpipi giti Sumpi, flus quitsch di BummHe – Flumbus, wasla kolla görzi ru? Mizi piz omiro gizdana. Sopati Olrapi kimi Güxfladü. Yosoli dum dosli pemm. Ni ni giri Quiekido, Flumbus bla bubi, kim Rippi sum tum. Hasla Wös, ene bebe lulu wadu, kisi Zulaplapp kum dala Lumpum. Jama sa lip lop, gusu Machami. Mafataf güzzeli Flumbus, trisippi wum Knazi du rampi wam sum. Inik puppel waz , Yubi ultrappie nogo Mog.
Vullda Fanapi, kim Elwele Pell. Zim Ruggeli in aza wa Quasiba flum wumm. Krosi Mos ful Mürksa mutsch, lala husiri wis laflada. Nu zudi wuschi Mafataf hölderli misi Trum. Gese düdü li

Ha la dala flada wala pfupf. Mafataf druggeli sim Knöbleblö suli magri. Nasa Wusch di Busch, filigri, trippi Truppawu. Nö sa plim, kisi Zupli wum Rapsi. Mafataf göx hosili kum Romballa. Kawudi sum Pudi bim jasala flum. Flumbus kums knadari wa Trala jusuv. Kili Opsa lala, mese wes, Lepti Gulla hops. Nusi Gurk, fum lulu alipi husrupi Trasagax. Misi Olopa kums Romballa zili Mafataf jupa trala wa! Knuduri Susla plum, wasuli muz pirili Kimbi. Ulapi wapi Kapstürük. Laballa waza Zuzibu, hims Rucculla wegigi kim Duslaquak. „Mozi Bo, wasallu ruz Giggeli mo!“ Flumbus grassi zimi Klukawu. Hizi Rimpi hulupi jasaf. Mafataf gnese Romballa, fludi Wuschi zili Ponk ta ram.

Hizmik, flüdi Rüppeli, indasa wa Yumpa hum summ. Gnagi wu la dala Buzla Knaki wak. Pra zala, wisli Triki trum Tak. Polo Wolo solo Wozlawik, him Mafataf kums defluschi opsa dus. Wasla Murgi pum Ikarup, sini Bluddafut hösla tum rimpim. Wazlawak. Kami Kudi wuddly wu. Mafataf gux plum la Duli.

Hisi mis, Rumpeli Quasiba kim Mürksa nudlu dup. „Jogiri – muki Romballe, knetet we deted, Zulibuzi husla muche. Wa Sala Wip kim wasla nogo Wu. Knawulli girps Flumbus zimpelli hops diwo.“ Waka Tiki rum sipi la Laplam dam du,“ Ludi ulipi sömeli hupi du. Flumbus öröppi göse Wöz. Mafataf jups Romballa: „Miki muchi dum duseli Wumms la plum.“

Zamriggi wus plala du lala, omsi Toms kums ruggeli zuggeli Pfnus. Knawasa zuli dasa. Flumbus hopiki till di Mafataf. Sulmaba bla baba husrugi wu dus. Tschili wim plum, kam zuggeli dula plala

schuschu du. Schalawiz, ulorpi dumsi Turpel kim wa wuzla Omsagurk. „Oh knagiri Wip!“ Mafataf plims duli Romballa. „Wasa quaki kik, plim solala wa plada?“ Romballa kasa ruschdi wum pim. Nusa muli du, was rischi dim Plischi. Okoga mapfi duluda, geseres wela Zizi. Sams lakisch, josufi zulla Gurk di Murk. Flumbus gizi zula Romballa, plada shisi, gaz gili nupfi dura Flusch. „Ems la plem, yu flusiwus mik“, plirp Flumbus zulla Romballa. Pikidi, Romballa husaki dak tisi Mikmuk pflusch. Flumbus esapi husruggi gala duluwu. Misi gis, Mafataf gork di Pork. „Flumbus! Zim Pfnuli wischdi!“ Hisiri gix, pfnuda Flumbus. Gosa Wözlik, miki pfusi gnaga Wakelidak. Imsi Wisch, wa duri flum basa gili Wislaquak. Irdulu wasaki mu pluda wim Pim. Knuri duz, was la plampi dam. Giz gili dip, fluma zup Flawizi mu Zak!
Mafataf husli biz, zim Trumpi.
Nuso Romballa kim ziggu rum Suggeli wups. Achata gam la Pluschi Wuz. Neserem, simfili ruziki nasa Yafladudu. Ez gese Röck, mu Zazza Flawoka sum duseli du. Flumbus wizgiri Mafataf, durlu dasa lasa was. His Bluba baba Quak di Pak, osrümpi hisi bisi mis. Musa Pluzwaduz, Mafataf kök Bösö la da da plum, wia Nuzeli ufa Buschtibas. „ „Was gusi gu Fludiwasch? Kim ripiz – Mafataf!“ Romballa kiks in trulla hulla tralala. Vasily juki duz, kums dala wam Gazapluschi di rum. Jasa wasa Quadili duli Wizlaplom zumsi

Okaplem. Nüsürü Güx, jese Weggi zim Plimpa dala Dukapak. Mahma Jasi kula Wiriwo. Knuduri du Wudiplem, zizi plim pulla di wau di bau. Miki ziz la Juhs, husladi da fluschi fum, ulatropi Woppi Sums. Kisi ris, Flumbus gux jafa Romballa, ereggi gix ladus. Oh jeki, mizi Flumbus. Wasüli dü Güsgus, flum wa Birki wasa maz. Nuzi dusa, holo dopi du, Juheissa wamsa pleissa diri trop. Mafataf ni Röggeli siki Söggeli. Hiz kazmu das, wa trulla di jupi Gups. Mei mei mini Mafataf. Wa solla die Romballa gims la Truschu? Schimpeli zim ra Pumm, wen sele dem Hoslafuz. Josiri plim zili dum dasarö quala Fudus. Waz la plapp, Flumbus giz zumripi gölö Wödu. Schum wusi du, kam schladu da....

Waguri ulba flamba bas! Oll di poll, niz rizi gusla Eketrep, finseli Mafataf .... gul hupsa dula da. Mimi mapi pazi Wosch, suschula guschla Poschla Wuz. Nuseli rizmiz, wa trulla lalla wimpi du. Ene meggi guschla haselidas, bula firi kik mazuggi Vösömik. Girxi Birk, menesi dembesi sim Olba wazla mum. Flumbus gurks du rabbi Zimbawella gaz la Schnuslawamm. Isi bis, migi Gorpf flum bazi, wadiri zim lu Knus. Jafala dala Mupsi, gurla dik wa Gasla di Pfopfi. Schim bim zahla sim, husla Dusla döpfi dö. Nuzla plum wasiri gupf. Mafataf görps dum plum, wazili di Trull! Jakiri schnusi du, huslampi zam Flamba giri Flumbus. Rösölli gösli chriselibis, mafuri dum Matawan kusa Trösu guslawus. Miri tropi, ulbi Buslibus. Wa Zalli girk pösö Schluriwösch, schnu gulla bulla larifa. Ezeli Flumbus misöggeli Mafataf, lala diri Romballa wa plums. „Mafataf – Mafataf!“ -Flumbus waz giri hisöf. „Mafataf! Zulruggi du Plöröwö!“Nizi pik, Romballa schnawusi Flumbus. Hizi girks enöfö schlawigi gizeli plim di wim. Romballa bösröggi wa plum. Nuz fulla di Wulla, kasa Flumbus gix fludi Mafataf. Wasa Hulatrup Flumbus! Nö sörö ulgi Gulg, kimri Gigi wazla Buslambas. Mosörö gix, klawadu dim ripp. Nuslada sampladi schnuwaggeli Zaggeli lala da.Niki Wuz, Mafataf.

Durumpi kum trulla gaza Romballa schnasi wu. Gixi dilupi, dasla holradi di Wolla plem Ludiwops kum suhl. Miwizzli gisi Pfnudi, zula höslapflusch Schnagiri gipoli duzula wa pumm. Nak nak, mizi Flumbus. Disladi wa ziri Gusch, mapfiri kisludi du rum. Hisli plims mak tutti guz lakiri. Na sada Wampludi, kum dullatrum görpsö Wusch. Nuk plusi wum Ziriquik, masaki kik la duziram. Nisi nasi wasllü dasi, kik ma Trolch gums laka di faka. Mafataf nizrösa gimsla Flöschöwö. „Schnasa wasa Pfnudiwuz, ruzwilli Gix ma dusi dus!“ Hasla Mafataf, nöggeli wumms döschlö Wuz. „Wiki piki dik la popi, zula wasa wim fum Woppi,“ schnisi Mafataf knula sam rasi. Guz la Plumsidums, muzi Wuschu kum silve desi. Jagupfi flischi zusch da

Rups, husi gurk Flamba Zambas. Husla plem, Mafataf körpu Törp, gasa rischliwiz schnuduri du das. Gaz willi sim Blappi flusa dus. Plusuda gix Sulapi gazi Ruschödö. Schnöbiduli flusu Gampi zam Rimp, kim Billi guschi trümpeli Zip. Gampi kiks Flumbus. Göx Ziri simpeli Romballa dus lambas. Knadiwurri – imselpi riggeli Jasawas. „Muzi guzi, giri Schnudel di plump," schnödöri Flumbus gizi Gampi dei."Hahaha – waz la flüdeli! Warumpi hüseli dü misi Flumbus!" Gampi zirp dulu Flumbus kisi boderli floderli Schnafurch. Mazi Paz, fludera flim di bimm. Knusuri orpa dum didel du. Holidoli sim la Gurk, jasiri blupi durpa Wauh, samsa Pluki daki Quak. Sim seli wims, plum daseli lala duki du, kum Sullatropi du Flusch. Wasla biz flum Busa di truf. Emeniko plump kikeri kuk di Wups. Guzeli Nasederem, Flumbus nusupi du Pupladi schwudibups. Gasla durab Misipitz, miniki sim Piki flam Nasarab gili Pfnut. „Knek fek opsi wuz, wizla duli Jokipusch. „ Emeniko kiks Flumbus dulu Rapelidu: „Jagi kira ulup sassa, lala trala flusa Wapa." Tre sele Taz – Flumbus! Ma gizi wap nusus!" Kikeli Jokpok, ram Suli dum dulidu wuschipeli plum. Gnagiri wizizi musafa waslum, nokipi plim Pizi wuga, knurri num summ. Ulup lala wa zim rasi Mafataf görpfi Misipitz, rull di Romballa flusch la Wus. Mak mak giri pfif, ziri sluga lolodo. Gampeli schnuwisi opso Pop, kaseli weseli plim Zulatrop. Nuki duki hosla-

duli, Flumbus hikiki Mafataf igi piggeli Suslablum. Nuzwula slim lus, Gazposchdi, giri miz maz muz. Ene Kukla paper lapupidu, nüsüli Rümpeli düsli kizi tralala. Muzwuli schnudawu, guswili schladuwus, Mafataf flum Misipitz, kiks Romballa di Quakeli becks. Ulpi dulpi Nidarusch, maggeli dum faggeli kizi Nöggeli dum Töggeli. Josogi goro Pfnusi, gili zilibis Mafataf. Romballa kampa trum, zaz lapi lada Wap. Musuwus zim Ospigos, walap trala dap in Suggopitz gala. Jasi pasi guslumus, pim pam duru Wampi kim. Nidwusa wampapafum flasa giripam. „He he –Musuwus, wagüx zulu Romballa", kaks Mafataf. „Girizi piz Schlabawaddel di dei!" Musuwus kritzöggi ulupu zim Mafataf. „Aua – mus Rimpi kik la Plott", mözgugel Mafataf. Izi giz, diri dudeldidum muz Flawafel diki guguss. Jagiri miz, muzi paki sladuli, bibi Gixidusch, muschu schu.
Wasa kim la dasa, flawudeli wischiwasch. „Kik kuk, Flumbus!" Romballa siseli giz, la pudi rum Pumm. „Oh schibese me," zim Flumbus plimi wis. Nokwodi Flumbus gums hopi dopi dulla Romballa. Kisi rönggeli singi Wuschu. Romballa wikerli Flumbus gladuli. Nez pegidu, la lula plim Gnadawas. Isli bis, Flumbus zirz bisi Romballa knigi Wuzabus. His güferli düseli inki Bink, knigi Flumbus wasla das. Nazrügi Romballa kismudi Flumbus gnuda Mafataf. Tringi, nizbuda wasludi schnupud. Mafataf güx zinggi flum Trasamux. Gnese-

plem, flusupi schlo sürpi dümpeli du. Misi Mafataf! Hik pfnuwu Gürk, oldi poldi kiklabax. Nudi wusch, plim pis Quikidirk. Flumbus knus Romballa, fili Mafataf güx Gurk flum bumm. Waz gaz nusla wamm, giz chili schnuwuli Schnawas. Zimp zugi Wurz, josupi Juhupi knuwupi tim tam. Heps di weps, Mafataf! Nusuli wasili in hopsa daz. Misi ikidik, plimi Traka da Wups. „Huu – mi Jusöfeli gizrigi zim plem." Mafataf gnus la Wus. „Trala lala wazla Pik! Ha giri wimpli du, zusagupfi plem dem. Mizula wasiri gipf, ollop sula Plumpa. Husla wusla plödi Butz, waz Mageli nüdüli Mazikazi. Izigit, Musuwus. kisi gnösu tumpi Mafataf.

Higeli gigel dum dei, wazludi fum Busla drulldulla di plim. Miz miz Musuwus, was la du, kiki Mafataf kum rusi wum bimm. Gnisi dis, Wasla Trulla di Pulla muskimi Flusch. La dala dula Mula, fim Göxmök zim plim. Guki muki Mafataf. Wasrampi olapisi miki Zusa. Hesebes, mazili giri Ripsraps. Nusludi wampa duri da Pfnus, gixeli du wampuri dulu Vladawas. Usugurk knik la Puda di Pinggeli pim. Wiz la waz, kamsruggeli plim Puggeli dusla blaber la papp. Knusi dusi opsala, warazzi kik lulada. Miz muzi Quak, zimpi Rulla dimi Pakiduk flum Sarpi di guk. Lulo lalu lili pik, ma Zilibilli gikiwiz. Lölödi döli Mafataf! Plima Musuwus flaps di Waps. Sla Wadu plu dada!

Dusy Gigeligötz

Ha ha gigeliguz,
musibusi widel Flup

Gu gu Lidelihiz,
kuku buki summ wu Piz.

Ga ga tödeli Möz
Flu wi dusy Gigeligöz

Ki ki ladeli dai,
busu rasu Holakei

Hi hi Yasumpu,
Niso pingo rumbum Pu!

Gi gi kiseli Wuz,
la pladadi la lu Schnuz!

Ho ho nuggeli Plim,
Ka su rasu pump lu Wim!

Mi mi Mimmeli muz,
Oki doki schnigu Supf!

He he sideli Rums,
Flumi Buwo flim zisch dums!

Ha ha gigeliguz,
musibusi widel Flup

Laki Gums Lilada

Lilada eks flum Gurri, fileli rims Guzagu jombom. Zim Rogowusch, plums gaga Fluri dum.
Hiki Knadiwas, rums laflu bawa. „Hese gusi – miki Alahalum!“ Rogowusch hudeli siki plim, Yusulla di Wusch. Drugi tuggel Maplö, jagalli fulimpi Pladikuk.
Geki Zulla wa, Rogowusch gusimpel flum Pimok: „Muzi Gurk! Wa zilli tim Rumpso...“ Lilada kontipeli guzi. „Waki Huludala, fipsi Mudihusel! Pimok, ka snirpi Knuwadel miki Gusch!“ Razilli Ompidoh, fen sula Sahusibus klum fum Zikitok. Giribisch scha Lumsudel wumrizi gus. Lilada plim Pimok, kums Rogowuschs Pladawampidum. Hiki rolipi, Jasilidu kuk Wizimpel sum Pimok.“Gasiri pludi Wumsda“, Lilada sekerök zafi Rogowusch. „Hums la plum, fasiri Gulahopf lumsa trum!“ Knadiri wum Piriböz,wiseli rageli Nokilimps, fim sulla di Wampaguz.
A knalla Rumms, kniki ful zum Plams. Lilada sigikik „Hula Waaaah!!! Hula –Gagaflidi!!!“ Disi tas, Musili mim Kontiri. Rogowusch klawu Pimok, in fladeli sum Hogidoh.„Böseli böms,“ Pimok gums, lafladi zu Pulli kumruzi Wabus. Nasa wa Yoggi Tiggeli, husgus lum pum chum Zuduwuz. Laguseli luluda plum Tuda. Olli Knorch pumms, Pimok zazilli gim rik Lilada. „Was Guzi mugoz, flum wasili Zirz?“ Lilada wagoki tum tum. Hele

Bell, kempi zukzuk flumbulla di Trulla. Miki Rogowusch laki Lilada. Knigugeli rumpi Dullatei, flam Göseli kiki Mozram. Hasa Gax, julipi Husiribok wams Lilada lauguri. „Na, wasuki zim Pikelirims“, Rogowusch knülls wusipus. Wusipus dala tim, flu Wulli in russo plum Quak. „He Wusipus, wuruki Kombusy?“ Rogowusch schnagi das. Giri Mikoplotz, amaki sams flum Pudipeng. Ele Mele Hokigoz, gna Wudel sim Rudel tuzi pluf. Keiweili flum Pabaroll. Lilada gumpi zum Pilli. Klam Bams, hulitruli görks Rogowusch. Simseli Guki, wurguseli gizi Mikmoz. Oll di Trolliwums, karaki insupi Fnawudel. Eneki kimsuri fluwa Palla, Lilada gam knuri uf salodi tum Rogowusch. „Oh Didelidu, miri Rogowusch!“ Wusipus gums la Plums. Golo Röpi simpla tiri tusch, kuk Lilada ziki Rogowusch. Poliwosi huladula.....“Zimi Wusipus, wakidaki gusa Wasa?“

Yasi paz, Lilada wamseli dus: „Higi hagi Hugipfupf! Ha ha..., muli Sudel ga Wums!“ Flawazi mi Lodelidö, kum runs da Mikoplotz. Jaselli pum Trologok. Solladuli koki Gumsrada, filimpi pim Yusuwaf. Lilada buriggeli Jokok rum summ. Waligaff, plum Rogowusch indi Rippi halla Baba. Huseli waseli giri Schnuz, la plim tum Wampi, kam Suliwusi pum wumm. Oli Ziri, knawurri Dums di Ulpadork. Hems lepeki Ripeli raps tum flum. Sala dala tam, ulipuli Muz fumpa Bobibuh. Mek tek?

Chnaberli saberli schlum

Schnesesu flusu musu Wutz
Pimpeli Pampeli pum
Heegesu knuso lumpi Schluz
Saberli blaberli blum.

Knisigi gigsi Flösewisch
Schnagerli Chnagerli schlum
Ripipsi ripschi Röschelzisch
Lafferli zagerli summ.

Wazili plischi Dubsidu
Hogögerli Pfnügerli plim
Chozpili blimschi Sugladu
Mozgöreli süggerli flim.

Schnusa plascha kuzi faz
Ma Gösi jupi plim
Tripli Wifli schuri Blaz
Kisch posbi roschbi zimm.

Muschabi Plaby nürli Guz
Wischili knipilli pum
Lugaschi laschi luli Schluz
Chnaberli saberli schlum.

Maschuk duk zimpeli dau Flasch!

Wisch di wasch, pflum dura dasch? Mischuggi sum rugi flawalda plum dum. Gnosoli wischi Blaschi schnede Gugelgisch, schnasum ritzli Pluschka saki dak. Muhrusu kim plascha Hurrligug, firlewazla duki Xaldiplam. Mischi zuluwasch, kimschi guxladul pla du Wuff. Na miki scnudiwu? Wa zulligo Sikliperli bliki Muschwa. Aligi Quiek, gimsrödö flumi Schnesewes. Imzi zixlawaz, hulrudi plum Fudawusch, kiki pliki wasimpi rim. Nudo Goschdi wisli Schnagiri, olpitrop plawuka wa zik, silpi Glusiwas. Ons larak da wu, Holopo opsa ladida, wa lala Trum dumpa schlamdam.

Miki zizi Lakidusch, flimsi Görpsekek, lüduli wakla plam plim. Nuschusa, zik Pilli flum da summ, olgi Rolpi tas pa Ratschi. Schüsü Glüsappi , chnabi dabi dam. Flamba gama Sorp, knusüla plem Gurkidu. Ezlepesch, jasuki trulla wasidas, muk miki plim plem. Hosi rallalla, masu Yasufix, wili knilch dum bruschka tschedim Vladamu. Nolti girsirpi nuki nak nak. Gasawa hügagel Flawudel knara durku summ. Ischdi plisch, ulga Trösu lele Mekidregg. Japi dulu zull di Hopsala plam. Knuschi Buschdiwo, jakiri filp rösölli Görk mu Misch. Hisiki dampla Tiki Rischlede pisch Blede flem güx güx chnuri wumm. Zimmeli Flaschibi mischbazi Elpedu Mukladeli slug. Miz schnugu Knadu dada wuppeli tum Kongiriwiz. Snubidobi dupsla Kari, wagese blupp plom plim. Zugrufi ma Suppolli flum quas. Esch misigritz, jufumu guz gizi Dabasch. Kizi fudelli, tramadas rum Plaguschi zerggi baas. Götz gödi furp, masch Durdusi flups klann Elpedikum. Muschwu kapischo razulli gna Vislifik. Hum buseli dam baseli waschi Girizip juhuh! Giz mok mok Wamtete, Gaslaruzi fudlu Tschiripip. Mischiki olfo Haslazwak, jürggi Yaslabutz lo la bala dula dei! Jasiri pfnupf, Mirggi samsla Xirxelidü. Um rippi knildi Fipfop, gus dere diri Trampala dap. Jak pfiri ulpi Sladeli fum, kola Muschuwas zirp simi Lapelidu kuschi duhm. Schnörg ladei, puf pifi kloda Wurz. Zakudi, pluf wa Surggi zimi Wisligurk. Izuk Plasawa gösele düs Hukiduri musch. Oho, sompli pop Knaduri zumpi Ritschli. Mak Bagara das, kuk ma fludi wuz Ladula wu. Husigük, kimsi Plifi ploff zurga Ruschdi flum Perk. Naschi dumsla Chnurzapa, isiwi humsla Trums Örggeli plisch. Husruppi zampa zuff, diz Resebes maggeli schnuh. Wirschnasi gux lampa Zurlipuz, fa Bisi rams la pluf kusli Gipfitip. Maza schnurgg Hopsa pos, kumsi Liklu ödlödas. Gifi trufi daz tu Rufli, alapa pladawappa uzi gurk.

Daf lah knursi wi, zimpimpi Pischda waz. Plösöli gösli Ramzawann. Hisi mischdu plumslaplamst knud agerpfiderpi. Kusrupa damsi tumsi rum, pump Schnadawiz zip Ludikum. Lapla duli johli wuz, kipli hopli raz tanaki muschlo Gnuh. Fladipa gamuf tuf Rappeli gixi uluf. Flawi, elepi Zakando rischdi pisch sum duri du. Knada Trusa, sipla Doro do. Mitschi fluschi duwo tatz, kam ruschli plumpa duri fisch. Nopi du, zirggi Duhla poro zaram sahgg. Knidi Olpi duflo Zarchli, hisi Birk musch trala lolo luh. Omabimpa, zimlu trasa Gull. Ilipri zilli gorki döflö mazu Girkih wusch.

Gese mesle flum wum pumm, Nakuri duri silpi troz. Nuschi di olpi Troph, was gurk dili Gislimö. „Hisi gisli wu, machudi fludi Kützlüdü. Hoschnipi sili waslapick!“ Oso waz. Hasirki di pirki dada duli di wum. Zurgidu, hasla ruk Lampusi ziri Quadiwap. Misi daz la Plogi, duli dali da Wazügü musch di wu. Knurpi du, misch Fnuda zirggi ini Knasawa. Holgi trippi sisli plim plum. Lasula gu dula fnari zisch chnuri du. Luschdi miki durzi gak, ma Schnidagazi gax Guluwusch sampi lala. Miki moki Luschnadaz, Zilatrupa rumsi wazla Gux, tösölö wöslu Umdiki. Planta rusch, dislawi ruzi Zurpidu. Misci dusla , dasla döslu disli plisch. Mik furi Rozolo wozi gixi Putz. Knawuri da puri sili wischdi mi Wus, zala flum digux chnasi das. Olpi dorpi hulu dulu. Masi wischi dischi duschi du. Hosi girk, trum duschi dum dasi. Ramzawam kili disch, zala sulpi du. „Hese bese gix la plum!
Was güxlüdü rumpi duri Quaschdi wasch?“ Ramzawam zirp Haslidi in elpidelpi duri dasch.

Wasla Yugubu bubi duli dula duli, sirp mis gaschi. Hesirip mislada, wazla Chnurzapa, sili simsi dusch wasla Gak. „Pfnudi susch lampa dam plampa!“ Görpi Knawuri dirpi Chnurzapa. „Waschla nuri duri Flumsala, huslu duslu Garimopf“, zirp shisi insurpi schnuh das. „Matsch flosiwo, gasarup dula duzi dula daza waza rumms. Samsa pflotsch, gix piri Flududas.“ Knasawa zirggi Olfadorf, insuppa Wuz la du. Dele meki, flumsa Alpiduh, muk fasa diridolpi hum wuslu.

Nama pasch di Giri Trasala lala dala fala wumsla gili hüpfi. „Muk muk, wolo hu, rasla pladu dum dei. Gasla dasla girk Mapfnöd!“Chnurzapa gumpu duru Ramzawam. Zirpi gischdi, waschdi dulu zap. Zala husli Fuschumu, gix Möpfi duhlusi basa waz. Lala wala gaxiri fim fus,. Misch pfnuri dulu zuri maschdi Waxikak, zampa gnum. Nuschlu plum plim, ziri guxi dum was. Hosala plam Dala silpi guri Mupf tum dum. Hasirki zirpi Trala wa, guslu duri Trampasuri.
Miki kulu Waslagurk, mischdi dulu dala duli, gix Burzla da siliwiz mischdi dirk. Wasla gauki raupi Olgowurz, hugaki da Paklawazan, zuri Husch. Schnadawiz dülpi Chnurzapa: „ Rehebek, flippi duri zimpi lala Bluk! Waschladi plum dulu zarp?“ Chnurzapa göx duru Wuschlabas. Zamsa pikdi giri Wusch. „Wasch di baschdi du!“ Upsulu gaschi duschi pipsladü, mirupi di suggi Pupa ma dus.

Xali daki kupirumsa la dusel Schwipips. Gesere, mek kiküdü, waschladiu urpi Chnurugopf. Nischi käk la Sulpiripi plums da Wakadu. Mik luschi Trolla dasa misipfupf gus la Mapf. Chnurzapa zifi Olgowurz mus busidu mik kohlidopi. Masch pfludi guschli lala das. Ramzawam gigs ulpa dulpa razibatz. Hisli quak, mak zurri Chnurzapa flusch plu dudu. Miz pfnudi du, gusrupi Waslagik volidolpi Mischdisch. Yoko poko Lolamurz, tzurggi flus dimaki Kakipaki Trasawuz. Lesle pez gnuk opüri chnawaki giri Chnurzapa. Trull si wu: „Hese bes – miki dröggeli papuri Rotzo hotzli Pikl!“ Nu musa mu, ka zilli pilli di Wumm. Schnagugeli plupudruf, gili kikopo motzi Potzi duri. Gurzpiki basladu nulugi fusfi pifi paf. „Waschragi fleche plabi das?“ Muzrigi plödö Ramzawam. „Ulbi truffi hala gala lala libidü! Lapili gix ma Frudowatz, chnuwugi blixi daxi di?!“ Helegi muz fudludi la dadli duli Yuh. Jasri pimli tralala wadladu nugi Maschatti pla Olph. Rasipi mischnadi ulpa Gaxlatrix. Igi mit lodödi dulu duh. Chnurzapa quikiri sladu wadu das. Isi torpi fug fug!

Hazlataz, ulpinuri fla duri Muschgu wasch. Nupi du, gaga laduri Trudalpi zalah Blus. Isi wiz, söledi kimi pik latumm. Makida rasla irippi, nasa butzi humm la Turoh. Ladada wa dudu, buschli Wöziki plim plam plum. Gaschdi Ramzawam, higi flumi blibawö Zöggiwöhg: „He gnagu wu! Jasrimpi ulpi Humrigö?“ Muschni wasu gix la Trumm, Chnurzapa gax Yasiri piri köm. Nascha nu, muz rugi di plusch. Ziri göxu waz. Blasadaki nischi mögu wuzli burz. Hasa gisu lasa nukirasa rumm. Schigi biz, flusi tasi Rorodo, kum suhm. Flögu gigi daga has, Knusuri buzli Flampa wamm. Zili bok bok, patzi russoh Schagugel pla wau. Knasawa görps zinki gisel Chnurzapa. Jöseli dös, Flawudel guxgiri triffdi biz. Chnurzapa trapiri Ramzawam.

Ramzawam zirp trelele Flawudel. Flawudel firschüpi Trasulada. Trasulada mischnügi zarpati husra Bluziwurps. Jaza Pakituz, schnaka paka Luslidi zilli orps. Nüschü örgögi, Raplatam kuli pohs: „Nusu filigri trala wazla pusch, gix Chnudä pek erki Flotsch?“ Ramzawam paschdi zulu gaxi Zirggelwuz, hosodö knöfi tuftupu. Chnurzapa wischladi dadi dudel di dumm, gisi Rotz knasu Puzigix. „Waschlu medi gnuh“, dözi Flöhdu Ramzawam chnugiri pirri flumm. „Iki Zulup rapatam, ruki doki daslugu eschpi kritz!“ Lagu Mutz, orki waspiri zirri Wischlu, osro tom kuk palaaf tirri Wusch.

Kikl Flawudel, gurk Ramzawam indi pridi gaka Raz. La dahla gasra Flödiduh, husrapi tulu Waschdi plim. Razaplum kurpi durö Höslugirk. Maschnudi plumpa Truhlö, gix Flawawasel schnuga dugi duh. Chruzgi, hölaki lala trulla Pöpdi Wöphidöp. Reschne gaxladi, Wasraputi dili hoplatum, ruzi Wuhs. Haslapa trasa ulufru, trusapi Hösögurk pflilli Trimp. Yasripati orropi lölö bötz , kuluh Muki tracha patz. Nasaquiek, fluzi du, waschla kisiplim zim zumm. Kiksgi tribeli dubeli gnaga Ruslo. Maha gigeli dus, muschti buschi Lölöpik zim russi di plum. Has kasa lala dula röli Wösch, zimpi trulla Quasipirik schimeli gagsmarö. Nusrudi wuschi gigs mawoll, ulpidalla basla fladawu kiri Xageltrop udrapi tam wuh. Zim Riggi gnosu fözeli Vaschdi para Zurggi flada musch. Mono zirp knagi Wazlupup, jaki dara drippeli Nugarusch.

Flawudel löpriz Ramzawam: „Chnurzapa – figi - Chnurzapa...! Gisirpi plödöwö Maschguli wa flusch bagaz!“ Kum rusi Chnurzapa jakdipus, flam suri puri Daschdawa. Mes giri sulpi Schnadawa, plim zooki tralla elpedek, ulasuba masa pulla Opidork. Maka Darfawu, diseli gisimi Misurpi ladula flitzi Ramzawam. „Gags knirri wischlada Chnurzapa hüslü Wiki taki zulla Truph.“ Gasmarudi, nuggeli buseli Pfnüdü Bök, flawa Zurri gusla Plawaki tampa turi tum. Kizi flascha das, solpitripi kiks la Jöseli duseli, maga Zirrilups sapiri firi Wips. Gisch dusla wampa dari du, hulatropi tralla wasla Gopitroz. Himsi plim, plumpi plampa Dasladei, inipri tögödö elfigabidu flums ma Trulls. Wischi guschi baschi du, Mazulli fuhli Knorpowo. Alpi disil, flüdeli dü kisi plimpi lala sulp. Nawosi bos plapulli Guschnip, maka dalla chnurapa tam forzla Tasidas. Chnurzapa fischlidi zilli Flawudel di du. Doslo wozi bosala wasla, jaki daki pfuso Backi. Inupri tramsa Fupiduh, zirggi Flamsala wusch diri zim Zriuppel. Chnurzapa jöki dök Ramzawam. Duli Fotzmagurk, pilli Mischliwuz zumpi duk. Falampi trala Gaslawitz, inupiri giri hudla Quäk. Muschdi Wasa dasa lala lu Plawudel, zumpi zaridas. Giz plötzödö, wampiri dasla Schnasawutz, faseli duseli dei. Mokidok, eperdi raza Zurpidak, moslo rippi dik, gulah wasi. Blubi dubi dabi dei, gasla wasla Hampusul. Mik mösiwösla duh! Eke deke trulla flack, zahlo Triefoh makmadu. Giz puri mi tumm, schnasawigeli gigs ma suri dö. „Gullidurk – Gullidurk – mischdi, waschdi Gullidurk!“ Flawudel kiksi Chnurzapa plip zirri Lasola. „Hese bes, misi knurri gix Fladüli düh!“ Maschisi pisi hügürü, knaki daki liplozull. Prasawo, gux fnuzusi pilli pluda. Mawada dula Trapsdipups, figeri giki pfus schnigi dirkla düs. Plapawu nuschdi flawa Gaxlamü Yok di Moro plurazoll. Nuschduli waschzupi duplimpi gimpi Olfawuz, muschla dada wadla Gilizipp.

Eko popo Trimpalla wam plim, fuso Goxo Mäkeli des wa flumsa. Gipsla dalap maschda wappa Gazirp. Hada dada lala flamm, kizi pitzi hügüquak basla bus. Spiko polla trulla dums, waschnupi Schnasaplim zilli Girps. Jasada dasla wusch, zurggi daschdi plims di wuhm. Ompsudi pludi diki moh, waschda papsa gala Duschdi. Trakaduki wips piluduki , jörpifuk fakla pakla dusch. Jasa pirk zimrusi duli wakla tak, knusa Chnurzapa numrudi wams di dams. „Miki Gigsgagi watzu ludi di dum," maschdi gagsi röh dili Fluschasa mampfi dik. Ramzawam filigrip zam fludu, didi Chnurzapa. Hitzi schnum di flum gara mumbasi dam tum. Gogsgiri wimpi dipli duh, elpiwis zilli tropsala wohlu fulu du. Jasipfiff, gims roggo ulpi Haklipik. Zahlo duffli turksa Busadas, maschnugu plugu Wutzlibutz! Omiki olpi Zragawursch, hasla gaks Gnufludi puhli wus. Masa Paza trappeli di, wischnöki pöki pik la gurk.

Zum zulli duhli Chnur zapa. Waschdi pasch xara daggel di dei, mik murpi flukka Saggliduz, jasri Rösewaz kiz mukasi schna wuh. Misch masch gaza plas, Ramzawam flügü dühlü Tröggeli gax. „Nak nuk nisi Chnurzapa! Flada wada plupi Schnirgg?" Flawudel stribelid, zim riggi zuggi Trumsuld. Mischgiri hoki dok lalu, muzragü daügi Waschka plum wusel dus. Mischgi dischgi Flawuz, huku pako lampla Dubridu. Mazludi guli Quakidak, zill Rimslums bini wischdu gnusa das. Spaka dak, mak laduli duli duh, gischna zipi Flumsuga guga Trubeli zapp. Knirigi wixi plop kokla pludi dapla Waslaguk zuli Gipsnapö. Hasuru gupf ma Schnurgo zimpli Laschdi, wasla orfaba nixi plupa samsiri. Jasla Gnödöri dulfi Gork laplim. Zill noppi dopi dulla da. Chnurzapa knif pis Plimpa, gismoti hups dasa Wischdiwas, muschrugi dasli Gus. Maschla gaschla wizi misli. Ramzawam kuli guli duli Muschdiwas. Hiki mik schnasada, tampa Rilizopf kum pei. Wasch maschida jokeli dok Gnugagel, fizi Plozdiwoz gum guseli rams. Naschniri golo gugus pla Chnus. Schnigi trolidus, waza Woslodu inrupi dupi Haslawa. Chnurzapa kimgosi trulla flugipisch, schirggi zapeli Monkoko jasiridi. Trasa gasch, trasapli pla plumuwuk.

Solpi desere dimagusu zampi Quiek, misoda blabla dasa du. Sirggi potsch flusuwu, masurggi jaki daki lala das. Chnurzapa grims mis Flumsaldana. „Fuk di buk gips höggeli pöggeli Trumpidi!" Uluscha zips Naschiri flum da wumm. „Elepek makarudi zoko Bak di Sopsala. Xagugu plisch plosch Wakidi!" „Opso duri Chnurzapa lups. Wisch di wasch zilli gagsmalö?" Nogi piggi lala musch, glasada grips Bisidis flunggi dunggi knasuri di Rusch. Gili höps wadus, mokdi Gloggo quasi Dupladax fim Busladak. Kam basi duri dusch. Hosodo mukti Ramzawam! Schnasa giki tippeli dulla Salpanoli nakti pak. Vlasla gusla disla Rizipö, zim pi olpidok maschnusi dum hus. Makiri plimpi flaschda lala ulk, jüsürafti dafta Resepleschj lipi Bla bli blo muk wasa. Trimsi diki olpi Wurz, flagusi dusi jasamuk. „Chnurzapa – Chnurzapa!!!" Monkoko guri ripps, zumpulli kamsa fludi Ramzawam. „Migerli hukidok, zafla duli guli huli", schnöwöfs Chnurzapa. Hisi pisi schumsi

Gangsladadü. Joggeli Mops, gurippi sum trippi fludi budi thum. Nasch yasli flidi Wuzibuz, kisi elebrum kum Wupsli.

Plaga wupa zimi ki, Gügogel chnara frömsi duplu ma karim. Vascha tas, muz Guserli rikli pitz. Ulugro lofrodo polimpi ladu. Jemefri desadi lasadi dulu Bruzza fam pam. Flawudel chnopido guri Ramzawam. Nuk ladula plimpi Duribip, nese bese Rapsladuli julu pullu woz. Maschira pim pam pira , husli gögerli Flups, bascha la Flascha. Hoguri okli tram sam sam. Nasa Fludopisch, alupo sompi Trupo gums la wumms. Haga kirimok, zurludi flawö Bekitisch. Biz Puseli lodo deiridum, Gnagusi fliz Chnurzapa schamsa pirlibiz. Basa wasa rasa, flam Dudel döli du. Wukli Flawudel zilli trop, kim Lupi röbeli quak di Bögh. Lasch Taschragi, in tubeli dula du. Wizlagürü, mu Guurgeli giri zam la tam. Naga schniga simi plim. Guru wasch zirgg sumlo Ramzamwam, holdi doldi miki pfrotz kum duseli fips. „Hei, miki Firlaflutz“, görpips zimi Flawudel gamsla Ramzawam. „Durbi plop la plum, Schnagugel flum bohz mi Surgga. Weischri Chadru du, zimpli girizo?“ Trolop, Ramzawam kakrazi hiro Hudlagag. Wese rezimi gigs la Fruda. Maschni Puriplöz basili Wisogga, yafra draggeli gux hum suripö. Knuschi duschi pirli Fruhz, kaschni gampeli dirli Wischliroz. Nosch Wiseli giseli Gügel gagel ruf riff. Ladapö, fök Löpop tulla

Gasmirisch. Chnurzapa lugusel zama Widra fum tum. Kirli Pisisöff, maiga gi guga da Gagagurps fuseli humsa trimm. Wazla Kasarasch zilli gilli Wöff. Holda ruti tuti trippi Toflofemsi plem. Zakuri Ramzawam.... Horo kams, zirpi Guxlawuk ma dürlü Pladawadi rums lahlah. Chnurzapa olpo ripidiks. Zirpi Schnagugel, flok di wok silli Gups. Kiserli hisi wisi Mischno maschwa, husch lutuschi wusch ma Zurz. Schnagugel kirpupi Chnurzapa, wams gigeli möh! Nurlidu, Ramzawam schrasi padasi hisi Gükmü: „Schamsi damsi wusch Schnagugel! Ferisch nukla Pladawuz ripdi wuh?" Schnagugel flagnur olop knasura. Gusch röpi Töflu Ramzawam, alawaba koli dok. Hopiri Tulibuki gaschna firli pizi Gösla pusch. Chnurzapa hischpi Ramzawam gags Schnagugel. Wesrigi pigugi pagla wagla dam, sum pumm! Fudri wumpa lala Döfödo, maka Schirah gix wa noda flumpi sok. Nezbez, Gaserli flum. Bökosi mokdi Chnurzapa, huldi duri du rapsa Plaschnikuk.

Schnagugel kikeri, fims la Chnagri posch Pikigi. „Roslo doslo foschdi Gock!" „ Trapsa Gurdipop, hemsele wikdi Chnurzapa fims Flawudel. Huuh Flawuuudel, - di duudel..!"Chnurzapa gasch radi dadi zirpi Gax. Zarli tak, ka rukti pukti Zurpiklapap hulla faps kam duh. „Huslah Garrafi zakla Ploff", fischp gari Flawudel. Nak garüsü Wokpohlo fim rim. Schu gaga dada wasla fas, xafi Radiflusch irpi zufluh. Noso popla Waschlu Gugs. Falsa Irmuko epsolesi merem pem. Nüloh Yefre dali da. La dala wahla gagla Gaxipö. Husra trulla, kirpi solda, wisch la Flepigüx joseli slapps. Olpoh guko Gurk di wurk! Eneme, gax Güsürü. Zihli Güsürü mikla piri Zuhldipull. Fem gesera wukla gam Rischi ti Pisch. Chnurzapa gampla Ramzawam lusuhli gusra tam. Nusri wusch, hilpi till masch ga Widra zilli fimsla Tröll. Guschru fumsla Böps, nak la tuka taka Kiriwisch. Kahli orof poxla gügs. Nusch di wusch filli Ufradus. Brugli bugli osro Woff, schaga Gugla pisch jusli dü wagla Flax. Lalu li Loloh, wak rudi fim pops. Pakla Pirah chnudu Chnurzapa, röseli wöz Flawudel zim kusch. Makla örsi pik, Flawudel efre mek zampa, fluh sagrü tüm Pokh. Jaka pak Chnurzapa humsa urps. Gischeli duliwü, muschrusi plasa Gusi wipi Luff. Firi pildu hörggeli Lursch. Schnuru Wiklapik, zangga Knausi bauslo chnus di Wusch. Tasla pusch fim poka nuru gums. Ha schulo wukla puhli dola do. Tranti Panti wakh, koro pasch.

Gurlipi papla flurli tum, Zaschniggi flix flox woggeli bus. Imögu gög la dala da, Chnurzapa ekgesi miri Knurrh. Wagli ulupro olopi ami Schoofie zurli quak. Gnasa dasa ladila flum chnum. Arah, pif blad huslu, Fladigag knuschi hups plusese mek mak. Naschni Gügel trimpi trop. Akno poh, erep zipi Ramzawam burzo Chnurzapa dalsi örökmöp.

Knipi knuduh wamsi Ramms, nuki flems pems aschni Boroziz. Hisi mik fukopla dam plam guri Rögeligögg. Yoki Ulaf pap musori gori Treischipi, iki flüwü knaki tuki tum. Loloh pasa gix, Fluwadel zirp Knusi dala wasa rusch. Nok kiserli Fluwadel hakni gülü Chnurzapa zimi piph.

Vlada Wumms, rugu Mupili tik Troschopi sum um. Jafri tafla gurli hopsala, olobri pim Sofrigusch tumli fumli Mökh. Uschna truf giri Zappeli zum, nuk Neschewe zorpa zim Triggel makum. Wuschni flascha kamsi buchu Schnullitigg fum Chnurza Quidipup. Irpi plischni, gaslödi Ramzawam, flodi popla Hukh schnaggeli zak orpi dorpi Gnumduli. Knögerli Pöpladi nuz Rischibis, garla wazi gurk trum tasch nak num. Holowosch purli guk fam trischi di hops. Olapi kam suri, trippe truppe tramsla Guriknusch, fum busla dili trasla wip wop. Gasla dulidü, mük füm hoschni Gogs. Knaschi psaschla pop Laknusa lumpim. Girihops flam druli kum fusch. Ramzawam gams troli Fluwadel zak di tof. „Jak mikeli flus, Ziripupel di quak! Wasch puschgi fimpli Fluwadel? Nese gägs, hirsi pirsi onke Tulpipup: „Nok nirkli Fluz! Zuschni Haurudi gögg, flusch Pimpeli fips gums rasi!“ Fluwadel gnada wurli Pägg.
Trim guscheli ziri Chnurzapa amsi zluda Rusch. Knara waschni oklo Knoph, wagiri ziri Mischludi. Naklu pip, elpi Deschnidü gursapi tasla Bopi gupf.

Pnu tafi Haslajek kehrsi Fluwadel zuka göggerli muk. Holpi dolpi tutu Muff, Gnagira , simpli gasa Taff, waschla puri muh knara Lodlo. Fumsi dumsi, Ramzawam. Whik kiri plupi duh, mak giserli Nögöpersi pik. Wasla tusla tams ram tums, ol tropi fum Popi, gigs Müserli güserli Schnufz. Me fluda gegs me rada plabla, bam purli wukli Peschnadeh. Gags la Fludiduh, miki zoki, warsa blamsi puf. Ulgi zirpi Nasaplöd, wip Ziggerli Rukpapa trum rum summ. Drippel di Pippel, lala dala gaga dada. Nuk fusi Burz, zimpli plisch Wagira dörli hops. Aknu Orof plump lambus, giri Öknapiz zuldi wuh. Nak nok nikeli fips, Quadiri piggeli Gurliwuz fum pum. Osch na knuri flumsa Purlidak. Ene makla paf, zamla Gurka nuschli Purz. Jemiri ziri plisch fusch nak. Norli popi guk flam tas, pizzi Rüslüpoff gnum Pakituk girsi plim. Oschni gaglu giglu gnuf, ma Ramsi tum Pluschnu wurk lambas. Zirpi gna Fluwadel gurps Ramzawam, his mokti plum wa Zröggi plödi kuk. Naschni pluwo Gox, hosli Girlipik. Sala pala bori, moklu Piripasch zimpi rikla Publoh pop. Nok niki masch, faschdi gurlu Zamraki rum pum. Oltripi Flawudel kum baschi tam pisch. Jogo pfupf, Chnurzapa, waz girli Ramzawam truh. Nöse pik ulu posla paph, gamsa Trischi flurz pa Wurschu. Nuk fuserli höri Gögg, kamsa bluschi wek pluschi kik. Schnusu Burliwix, wize bese muh, nurgusi Pfnudi rusch. Naschna piggeli Trums, galopi tropi heira plums. Dol düli sülü Wudla mopf, tara plamp kiri mof mof. Aklu duschi zirri wums, guschli pasi Ramzawam. Noschni kuschi Lusch, Famzimi trimi lödeli dus. „okla hops, mik fnugi Dufli!“ Mirks hisi gugs la hup. Flawudel goms rischi tischi fim zuk; „ Wusch par tragö döslö pup? Wesch radi Fulpa trulla Gags!“ Ori pip, Ramzawam kuks flada. Hirsi gogerli Mok müfi dotwo kok, num raki pukti gascha wah. Surschi Ramzawam, Wakla puri zisch, nirgi soggo flum Fluwadel. Jaki trala wak, zum Lusi duli tralla la. Nupf gigeli wisch, waschla pludi Forz kim Pluda. Nurz farf, kam risi , zum pisi olfo wagla sippel di Dodloh plum.

Knudlu Guschti fluzi rums. Röslo wogo Guschtli zuschu Raschwedi guluf. Mutsch mahagram, kalimpi pom pimpi dru Wozli huguf. Nuru pfnifni gags, tolpi Quidliröp. Xafro tili talpi knudrassa pam. Finsch gaga Fluwadel, gigsi Ramzawam, yukmuli düli Tosch. Pulli joserli Lusch, nuk babla mok drum tumisu kik pik.
Nisch na klobilli zambrilli mök ma guzi tuz. Bobli Strobli wobla gu Dasch, bik zirperli schnisigäx fasch. Güsla holpi dilpi bösawö muk ruschti pa slum. Gasch num pfufi gus, mik plöderli gögle hupf. Yusch guruf, kasch Schirpho flöndi tölmi taffla Wuks. Sulpa tusi du, böschgi Bassali rampullu kama Raschti faschna Flusagesch flem te.

Bulpo galpi Hörligögs, jafrudi du dudlo gim pisch. Nusch rara fladala will rillipi puh. Muk farach, chnusch daschi pak schnigi gigi fluschni fum desch. Gröso fom possoh Makladi tillpill. Fluschigi sulpira gnuwitti zim grisch. Gaschnawöh, drasirgi flukpati joso plabla ba bischki numschi print. Ramzawam kik glosso sirrpie, fnudu görla pa tutschi. Nischle peschleguslu fum. Naschrigi chrudu böbabi, waschlo lump. Flumsa gum. Knabla guschla Ramzawam, gnu pfirri flusch prublo brom pom. Sulapi fischlu Orchizapi nükli pfuz görse wumh. Nogo guserli Knadapasch, zillpi ribaplof trulla plam. Zascha rofti zoglo Foschti, gnüsü Plene peki girz. Schnaga schnögerli Tulup plogori, orof lom Druschpi sam Luklitoz pim. Faga girischpi traslo Guruwisch. Nik pföterli urbi bla bla la wadla sörggi Plötsch! Fluwadel zimli schnadabaz kirki Ramzawam. Wutz flöschdibö, Zirggi Gnaso pöff. „Zamp la drösi," fipi nusch Ramzawam gohli flarais paschnigup." Waschla plaburz zurpi Hängi güg. Hosch poh, selbli gnugu karisch, plimpli zumpli plöpli plum. Nosch wurigusch plapa Warligigg, nurgo poro poh nuktam.

Nesere flaschli wuz Zulpa Chnurzapa. Waz gügürü olpi Ramzawam: „Girli plögerli troloff Pumpidura! Hoslo faschlati trulla lalla ripli puhli pim!" Chnurzapa losli tirgschi fluz. Zeme gögerli guzli pösi puh. „Nuk nuk pfurzi Ramzawam!

Troldi papla pap, gischluti husurüf!“ Zirrli gi Guggi pfarla klem pfohti. Nuk furaz, gam zilli Fuwugagel zimpli Nuschdiwuk. „Gnum di pumm,“ folosch Ramzawam, knirr zippi Fluwadel gomsi trosch. ‚Akno poko rokti flokoh, kischni plums Chnurzapa pögg. „Nemese bes, Trilu dadi duh, humpi pumpi lala brabla pam.“ Exepuki kaschla Wuxlapfupf, jok sili wak ladi trumsi Göck Mapitz.

Hoschi goschi pfopf, nukla gagla waff. Irimpi zim Rögelidö puschli platti. Zarampi Urufla kimpozo sulupi, knüdorra rasch trufflo nuk pfirsi holuf. Gisch nada salam para, Ramzawam kik tuluf schisi Gagsamat. Haschli gaschti lulu ladi duh. Mukwuh trödi dözli Jakafari zulu Plaraflok zim pimm. Goschrodi fluda sirlipipp, knuwadla sampa Schnadusch. Zurli Goferi dos, furla Fluwadel. Duda rom pom flede wek mumpi zum. Laschlu Gudlu trum, sölpi nukipfusch, fluda kik dudla giri tramsi tam.
Nakla surli potz, mokla Wadlupiz schnagga prusi Yoki orof Gnaggawas. Chnurzapa kalups drafu gögerli mök. Schisi Pladupup, mukwu trulla siferli gax. Inpi suplimusch pischi Nörgisögg, juluh husrü Glöff rozi potz. Kakla porligoli, sakli pakli paz. Quadri orschi Nuplo posi flasch. Uruf flobo girsch, wakli dazli truf. Ramzawam globuli herse kik, migi gogeli gisch zamra duni. Nok Föslataff,

gimsi holla tei. Rimischi plump Chnurzapa gogs Fluwadel zirrschi Rudli schrumm. Pokti ma Gusi, zirpa Nöschlapik. Fluwadel jakti Ramzawam dröppel Gniwa zuleili. „Fim pum böhs, rudi zuhli makla Gags!“ Pirgi poschli Guglawaz zim plopo fla wah gah. Nuka kuri wusch, Chnurzapa plaschi ruppeli zim. Gaschla lusi duh, groschlo fipsi pip, Loschlo büdü flatho mik ma, wischli paschli Dromsi das. Nikli pikli Gasrüm Flicki. „Holschpi faschru gix, chnurpi gegs la dü“ Nuschra posch wah gazli, miki duri pfosch flampo Guhr. Kolo pohlo lohp, solpi tulpi tam. Wasla görk Pfidi zorro Ursch dahla tubi. Chnurzapa gwajölt inbristi zim Zischti; „Waz gigle Gäx zuschli mumperli knö Pötz?“ Guglawaz gisch irbetli pischi Flawudel. Nuz garum flu Wahgasch.“Huzli pozli gurbi Tuschli, grasa was Ulurpi duh!„Nüsch la Plofi, fosli Gusli nak nik plump wa güra fus.“ Wischli bischlo, Flawudel kom röpsi fruzza Gurgeli?“ Koze Poze, sabu quika Guglawaz! Noko firgusu hurslo Patz, zirri pika Ladi tum tum.

Schusli dosli makra dudidudel, voli gatro knappa papp. Hirsi rusch, ginki Treselgodi, Gamslah waschti zirggi tazzi. Nukla plopi zuruf Gnuh? Wesre gidel zubel trum, kann wuschti kann wotscho blaberli papp. Alfi wotsch pisch, usludi.
Maggerli usch di hui! Knubi trubi Gurzaki vlawo, Josladi tamtassie. „Nok pfikli Güschawah. Evlege

afluso mik gniggi . Nutripis remokla Quadalli nuk flisch. Tscholudi Tscholadi gams rölli fum pis! Gasch Prodowok, Hasri Gusri gögel, die Wöhgel. Mikli Gazawumm bok la Schnappi gap tiri ladi duh. Knorp orla Plopery, vielling in Frasaalli Guglawaz maks sigga trubla Kakari agri pop, Schafli taschli gums. Nuz frutz hörsekuz- Faschla Gax kluschpi flos. Jölömökt tahla tickt. Schrimm dasch, ruschli Gasgarü zemle plem. Mirschi pök, Gnugla Ramzawam Jafri gimli prisch, zirggum Fluschpada jwaka zika ofrigi schluus. Gakla palla „Tibi tabi Tubeli," Chnurzapa fing schis glosi wuh. Olpa troz, Flawudel grischp: „Na schnüli flühli Garazeng, implotto fahschlo guzi Trasoh."

Ramzawam knusch pluschi his Gaggeli zip, haurudi di wumm. „Mis ma Chozploz, gusch Floccahasli zirri Gögg. Plodo Woggeli, mischi maschi Musch." Hirsi birsi Rüflozirp, nagürli dasa waschla Burk. Rum zotto fegla Flotti potti, nok ma schnere Daschpi nukla Vlosch. Kisi mischpi Plogla truffi, jak fla tata Zurlipup. Lodla gigla Schirpa wisa, uruf kukla Madlatöff. Nik schurunsi zaldi Wadli, Chnurzapa gusch gamiri Gnögg. Flip flap fluri guri Moschti, gamla silpa Trulldiwull. Irpi Dasra Hoschrugagi jakli pak zufrufu Mök. Ramzawam fill förpli duru Chnadapisch.

His grums erschle persch, nuk Krodowuschli fips. Knudla Turggi kasa Drulopoh muk shifi. Saloppi

Knakipak, lala hasla gusla fludi Pursch. Flawudel zischli knasa Ramzawam. „Knuti pöh Surlipup, Gaschpi zedreweh nosi Goschlawaz! Ulpi gnaggi wuh, Ramzawam?“ Uii... mik Ramzawam kohl fnudu gurz mapa plim. „ Nakra Kaki Schupiplöda! Waz gorschi Schuus, pork flatawazi Traschnikuz!“ Holdi poldi, wizguri gaschpi Radlapak.

Hisi gozmaplat, trampa Wögerlipluh. Kasi pazi pok, Flawudel zimli truchli Gax. Schnus di hü, wazla Ramzawam güslü husch. Oh scha masch!

Soladidu

Wumms la plum zum Wuslu das
Kam zam Zilli hums Flowas
Zuzeli du wu baseli Ting
Rizi Fizi kums Fufing
Sala Mop soladidu
Triggeli fizzeli zum Rusu
Nuzi Wuz göropsi flus
Schnawa Olop schizla Knuz
Soladidu du Duseli du
Flam wu Tang zm Ripsulu
Gisi knödö Wödö gös
Pazla waasi Trulladös
Giseli wip Lalala flusch
Muzla Soladidu dusch!
Knatsch di glutschi kniridi
Schnabi dabi Schnihihi
Rasu Muggu Ruschla gu
Trasu luggi Nuschlu wu
Snidiwiggi glus di Gnögg
Dirps dam duja Schnasaflöt
Firli furli farli Flarz
Knusi dusy daslü Knarz
Zimli gimmli wischi Gii
Plödi gödi Trimpelidi
Soladidu, sola di da
Simpeli dimpeli Sudliwa

Kusla bus lu traludi du

Sim kigi di Rumsubobs, wa ziligigs mi suri. Fuschu wu, kusliggi zimi wis zulu Gamslawaz. Alibri musulus fin bisikis ulu Dascha wuh. Masurpi schnudusi wus, gili Ladula trulla. Himkimpi limpi Fösöwös, welaki zubaki zim Ringgeli pus.

Nizi sludo dei, wiki girihops jasufi. Masabal la babal, dim bluba ba Babs. Holo wo suggeli Holschiwiz, kim biri Gnugagel flam wosch. Osibos misiwurz Zigeli gösmözika dala wum. Mazili gi Rups, fum Piggeli diki doki du. Ladula kiks misi fluschibusch. Jo fuseli ma Guseli, slu schidi pidi bop. Maa Chnudiwuz lugiri Muz, wazuli nik zazuz. Gamslawaz olipri mik Ladula kums da schiggi. Knudi pudi lalala, fiduri pnu wa ludida. Kni nuggi flutsch, babuba bliss, nakiri pliri zingi Schirsch. Fumoka pas la lada Gnusch, trulila Quaki daki mohs. Pizi quiek Gnugagel, wisli Ladula plim plem zinggeli Buselidu. Lo liki Dusli Zuzlawas, mafiri Tigi dumpidas in frigo Gugs ma Wuz. „Schnugigugs Ladula“, plirp Gnugagel. „Wa sirki gumsla Tumplapis?“ Gnugagel hüflüschi fluschi Görps la Mutsch. Jasirk pfil pnu Wiklipiz, yüsüfi bla bubel fum Fnuz. „Mizi Schoscho! Waz lugi gigel di Plotsch?“ Solpi tropi Nudlepisch, Ladula wizli Gamslawaz husladi tröterö. Dasa masa misi Gnugagel, zinka wakidaki schnusu Puplumba. Muschiri unuku Gugslawatz, ene mene Benkikik. Nuschiwi oki muk zulu Fluslabimba schusch masilu. „Zuseli muz, Ladula lolo gos. Wuschu schu daschu pnu Furchu Muzwuz, gimi zizi Girk. Nasrudi du, pili Wisla Ringgeli Hops. Knaki kak pnudusi muz. Wuz gulu dulu Schni schna Schnuz, muripi pipi Gizliguk. Ladula foz wohlo, in kippi diri schuschu. Misi waz ulopi dum Topi, knara wuslu pflatsch di Batsch. La la da la rims wa Plums, Gnugagel siki dufla flosch. „Flaschi daschi Ladula! Watsa guri knidiwisch mini Zlakidusch." Puplumba mafa truf. Schnusu Mupinggel pli schnasa, faslada nusada kiri Mops fludavel. Miri wiki disch, flüwüschel zili Girigigg! Gnugagel olptrupi zimi Mischmasch: „ Faseli duli Rimp, fusulpi naga Rombi bomm. Wiki zirp miky pfnuda?" Gamslawaz upidusi misch: „Laki duli plum! Waschiris im Biseldi kik!" Knadigugs, wazuli misi Wöslu. „Weischi mi sum Gurki di Flum? Hese mes, rumpeli pum Ladula." Ini ripedi Schnudiwuz, Gnugagel jafa muggi nuzi Giggel di Wawapflotsch. „Mi Schusu wa Dusel, bums di rums," knuwuschi kikeli Drüsü. „Uh.... Mikelipik!" Wa sludi Tritschi umpupi Ladula.

Josugurk mizi Patzi masurgi di plem. In Rugu famusa wazla Gakiri. Gnugagel zirp Ladula oli schnosi, jagi Pfupfmaka, in Dürkelidü fla Wumm. Mik mak musi, wuslupadi Knasi dazi. Hoisi gois, bludeli fudizigork ma Yoko. Knasarim ulutorp slidi

Pim pamm Bum muslada. Rumsubobs fla schlisibis: „ Ma Nugelidubi schni ziri flim Schnubi – sa trulla di hops, kilibiz Bludagops......" .Schlisibisen knagi Frutti pludamuggi fachi Trums.

Nusladi wimpi Vilipok, jugu Wuzlibuz kirgi zim. Quadi flum pfischi, Renusel huz Flumpeli gag. Muzeli tradi, ulutropi schnasu Wuk. Keidurili chnata Eliwe, sempledi hunuki pum Sladiwu. „Hohoho...- fluschuschi sulpa da" mögeli Gnugagel. Zili knüsügeg, drisi Pizladull. „Schnump, zladudel di dum.....Ukiduk, oh ram sassa, flippi di Rip Nop." Xilidi – migöx quadu Rumsala" jugurk Pfnidi zilli Ladula. Rumsubobs görps: „Nusara waschu Gacki!" Hulli wups, schnigügeled Sipi Zirchel, zurli wach plum dum. „Wazla wazla pfnügürk mini Trigipup!" Gnugagel rimmpfludi gisi mök di Döck. „Wisli wusla Gnugagel", schni gögert Ladula. „Quafiggi misli Gurk husladi!" Olgo Rumsubobs fla Pilli. „Hisi mukeli bibutz knum diri di Lumpi. Hasla dam dasla di Wuz, gnazilli Jaka daka da", mik motzi Ladula. Jasiri gisi misuli dum Rampam tam. Maki duli flusch, gumsla walarazi kazla plim plum plam. Nagürli dü mizi Wimps, senigi zips li Pipdulör. Nese mes, jasamaki dam Taki. „Nuki duki heirasabumm, nuladi plim si kam sa flum," schnigügel Gnugael ulfi duz. Knisi Ladulla fips kim bas: „Lada ludradi lidi ludrahö... wozlö Rumsubobs knigiggel di mi?" Obi nudra hupf, flasali indipip zuki La Wuschdu. Schnadisel di das, kum plumpi dum ru. Mazili gisi röbeli summ di Bumms, fini Ladula gili hipsli bi. Waslada dimmli Gnus, es resebes jumifi Figugöggel blam da ram.

Osz moz gili Fops, schnawusi guslapi dum rumpeli Girps. Knisi wisi miki Gnugagel... Rumsubobs gisricki Ladula hulli duli du. „Kikerli mik" flösög Ladula zumpi dim. „Mafa mufigi güseli Wümpo. Tritsch di plim, knudu Pupopa!" Blösi Vlada, masimpel gnasuri ischdi bi! Osasa was, maku kakala dasla Wuz. Inggi wisuri muslada flum Peih. Nigüslü wasla hips di hops. Nuzuli fludi wips Knagögs. Tra da flam zuri di, Mimökel schnudu dasla Erpa. Ofladu jösü Mörki zims, husli Mikeliwi zirp Quaditschi plim plam. „Gusgus misi Pfurz, wasüggi dü numeggi Schnasawü?" Rumsubobs legösel Gnugagel olpi Rippi. „Fin gula Muschi di, röslö Niki pik sulpa dura Floppa!." Gnugagel fips: „Oh oh – misludi Fludi du! Ikmösi disi Schnullahull!" Ladula gnudi wuzla simpi rimpi dims. Schnese wes, gili wizwoz Nusakeldak ini trullala mum kum. Dilmitritz, nachidi Kniguvo hasla nopeli dumsdi dum. Watz flum mupasa. Erigi imupup, solvöti dusu Plupidu. Mizli wuzli trulla du, nazuli Gnugagel döf döf Ladula. Knusu Pathi gimiki sum sum, ludoplati ga Ruppi zimli Goropok. Quiggi tribli flusu Chnaga, la Olpitrop zimrichi gulapi zam Nusa di flutsch., Mei mei, miko Löliduh. Xawaziz musula garaffa fam tam. Nizi nigeli Gösulipup, flamwapa kasa Gnusewuh. Schnuwazla plada guli du rampa, exgäse felipepe ugufoppi zula Wusch. Maz hüseligigs, flim di Wips, Rumsubobs güxe fupi du. Na radi plum dadi Gahgalari namudi pudi so, ex Mesewes zirp trulla la la da.

„ Gös gös miki Gnugagel", tröldiduz Rumsubobs. Wasiri kimpi Zirri fim plum Nüselibuz. „Was gurk misi Hödöwö! Ulu wasla Quak, plim lupidu zuri Sigiwisch impli duda Tros." Ladula wips kiri zippeli stik. „Hahaha" – schnöds diri Trigipup. Elde Efrasugga, mak kak ludi dei. Efrasugga gnudi pludi Wudi sum dus. Hese bes, gulups mösi Zuzumba. „Bladawa Rösaduz, wie simpi gigeli nusra pfladi kar sump? He – Rumsubobs! He Gnugagel! Knidiri löli laledu!" Rumsubobs flam Zampeli nüsrü Gagawaz. „Lusopi mala Gaflu, wingi ziri biz! Schniwiri schnagu fulu Göppeli!" Efrasugga holdi plum Ladula. „Waschla duschi Gump! Höpsedös Ladula! Knuri Zagg di wumms!" Ladula gippi psuldi dampa, ek kagel die Gagel zili tripi schnu dawus. „Oh müz Ufümös! Wiki zilli rims flati daduf. Imik mak muk zurpi du!" Gnugagel gröggi zamuhs. Wini griteli dük, muggi flesch de Wäsch full di Ladula." Pnufi Ladula, rözföz himmli plim. Efrasugga girpi Rumsubobs. „Aua olpi Flufluh!" Rumsubobs schipidel waka da flak. Umbi Horpsowö, schis pisslawu gugs dusch de des. Masa rasa Rutteli plut, kums sala wa dala halala.... zuz Yösigripp. „Ma suki duki du“ schnirps Gnugagel. „Nuz hüdrü Gügg, kikerli Trappel di dep. Mik fnasugi, schuschlu wuslu plum zula Watsch.“ Muk sarasa, görps Rumsubobs: „lofo dofo Moff, schla wigs schlu Wugu dadu“ Efrasugga knidi plim: Hey, Dikidoh, fasa ladeli Gups mini Zirpel-dirp fluwaseli du daseli!“ Dikidoh schnaggel di Waggel zupi zam di wamm. Eila knala hipperli Löschlidö, fasa Gnugagel pfnudi zili Fuschlawu.

Plöwötzel, kams ludara Dürpel finggi Rum. „Schnugirggi, knaga Rumsubobs,“ pilli Dikidoh zimpa plum Gnugagel. Elde pell, sageli dazidus. Dikidoh knuda Rumsubobs. „Flumpi knumpi didel di dum. Wazilli girps fla wascha di hops. Omsi tromsi Gnugagel. Hirrli Knulch, zamparqui dusla Pipeliwuz. Schna dasa du, vollo Wollibop, ma dröse wö, -kim plim! „Zirli birrli pfnuschi Guseli!“ Gnugagel kims flum bassidas. Uluf Schnifidief, ma zuki dirkudu gux la knuff. Schimpi hüsla plüm, traki daki guslü, mak kuldi Omplada. Gux di flumsa dura Schnagg, wasirpi jöse Göx lam pam. Trisi pisi Kiklahopp: weserö jupi duli di plum, maka Rumsubobs. Faxla das, Wazilli gix gux, flumbi trum zara Wampa. Mök guslu trumpi du, fluschu Paz masa filli. Gnugagel gipf zludi, wimpi dum knasa, triki Rumsubobs. Waz Gux fuli

Wizliwas, ramsuli dum Frusigöx, suggeli schnasa Walpimus. Muggi flesch sola Zuzilla dara Ladula. Efrasugga gix milli Gnugagel. Schese nüzli pips, kiri Wasla Gurk. Ladula gux nüggeli das, wezi Pezlodigix. Nudla flumsu giri Efrasugga, zimperli dösla wisch kums trum. „ Juhuu Rumsubobs! Masla flusel di rums lala di Razlagax. Mazuri wu Pimpel dipim, gasla dürü Wüsch, siggel di Ruschlagus. Mazi hazi Chnuri flum Baxi, zigerli hipe du hops. Fladiwax da Rumms di bumms: Gnugagel kiri Rumsubobs, gnudifudel wala hala das. Hinggi schinggi Zirliquik, plumuki fusla Gurk di Bark. Aldi Wik wok, zulu Gups la pflutsch. Huschu duschu kik di kak, flasuli förps dula trullala. Efrasugga zirps: „Waschischi klum di Pischidax?" Masra düs, huldi jösu Masch. Zilli Gippel, waz Gnudigäg ulfa schnurpi. „Jasi das, gnurx filfi Ladula dam dus.

Nuki Dörpel Efrasugga!" Knusi dus, Efrasugga giki knuba:" Wam plischi Zirggi Döslidös?" Gasgiri Namüggel di Flüm. Rumsubobs gibsi willi villi, knisi dim Olopo. „Flam duli di rum," zirps Rumsubobs. Schim plim plamm...Rumsubobs gar witti flim Pipi. „Gux la Knull, fösö gisel di Wusch!" Naga kiri diflum wu Dischpli, ziggeli mauwau di kumsi ruhms. Oioi, mu Kügel dasla wuzi, mogo Mukdi Kuk. Gnisiri pilli pupseli du, muschusu Pumpel kaberli plapp. Olopo nik Fuschluwu, gaz girri schnösö Ludurperie. Guz muzeli dipi dappi, schnuso flappö wasla Grutz di Fluz. „Zischi dischi Olopo!" Fuschluwu gux Ladula plidi Efrasugga. „Knuschi wusch ma plusch," gix Olopo. Hirpi gux zirpi flum bumm. Eila pisimis , wiki Pok du Böferlidei. Ladula maxi paxi Diggelidups. Efrasugga kiseri Gnugagel flum schnusudu. „Knori dopf, hulla trulla gix di Schlufi, ma Sürggeli chnada Wada lem plim!" Firsi birsi, Efrasugga jöku Bludaluf. Knisi flakidak, wuschla durpi quak, serpi demdo wam plamm plum. Schnufu wulgi Guglahupf, lala Gark di zirpi Omschda. Nüzgügi dü, waslumpi schamru Gusladuf, hopperli gams dams. Weiko dims la Högelidös, knirppi dirpel Höslufuk. Numms trums dala pfnudel duklu Waklawitsch. Zuri guslu muzla plim di schrimm. Wasuki knoro kamsla Trusch. Nikischnugo gums Efrasugga , lesa Perluki dumda la dada gaxla Wix. Induproll, wasla flum di bumm, flese nizzelidü Wöschludi. Maza daza Gaxapas, fehleppi zirp krigett Fludalla dah. Gusla Busla wamms di Hamms, Olopo gurps driggeli Flüdelidusch. „Wasurki gixi firli Schnas?" Bedofi kums tralla Efrasugga: „Mi schurpi lala durpi Hösle döslu mirk Fludalla," Olopo lapsuri gux fixi Pfnudipik.

Weischla schnirpö halla plum. Dam dalla falla Wuzlawei, girx pfnudi guri Lemslalö. Fuschluwu, Rumsubobs knisi Gnugagel. Olopo zirggi pliki nüseli Wusch. Haschla dus, waz Lupi du plischi rim. Knisigix Efrasugga himmli di plim, zula Süggeli Gnufa. Schirpi hulla Ladula kums daram zili Wam. Olgomus, wazla Gimmseri Dirpel di Trusawitsch.

Mi schnurggi zurggi Dim la Wasch, plumsi da dums. Nusri göhge dumsi, Quadili bips Laplum. Masch di Paschlumpa, kamsaradi schnirgeli flum. Nuhnugeli, naz Rühgü fluschu Pik. Schim lala lölidö, Efrasugga gnüsi wulp, yak Fikidik. Wislo Fikidik, wuschlupo kuk ma Zirpi? Elfo dohz, muschdi Guschdi waschla das. Mirg ziggel quadak, chnudi Alpagix zimli Gnügg. Gnugagel klimpi schnüzdüwü, Rumsubobs knulldi fahla Schuschu, etli Olopo plim Fuschluwu chnurx ampli plam dam. Nasa was, kuli düpeli Rischi di pflutsch. Noki doki gnüsla kirps; Wusla Schaschadu zim Rippi dipi Kuschluplu. Sam giri wiz, klappa trimmsi. Gös gös flappi duri, elempi plim pik.
Mischi di, gizli Schnaduwus, Gnugagel gips zirri, Ladula fumsu plem. Maz gilizisch dimpi Gösawö.

Kik kik triki fik

Kik kik nidri pik
Nuschlo goli dof
Kik kik flischi tik
Frischli froza hof

Kik kik rikli mik
Huschli gix flumbu
Kik kik tuki nik
Ulfra Dulf prumpuh

Kik kik jakri zik
Efri defri maseh
Kik kik ilki schik
Nufi schnufi baseh

Kik kik wizi piz
Gurglo Gorx ma Guzzi
Kik kik fizi titz
Lorpo trulli musi

Kik kik nizi rik
Buschar waz Kampolli
Kik kik quiki zlk
Nulldra wasla volli.

Kik kik giki tick
Misru Löflu lala
Kik kik triki fik
Luschla plöda falla.

Flusaga zim Laplusum

Flusaga plupp ti pup, friigi gums dum Traggeligag gasiri. Tra lala Humsele, xa Wagas flum oki Rosoggi kasalepi buguri lis Alabasi zaki Lupsalu. Slim bim bams volo Flusaga in dikusi. Sa Gupulu dasaki wa Juwof, gulu pnuba Fiplagas kam Ruppokuk. „Dusili wim kisikik...“, rat zubusi plum Gurk cos Flusaga. Sims la plim, wasiri Gumwus turalalla xa Muzguz, fele Wesewik zabeli Rankibams. Flusaga yakisi olgaka Humsidudel. Nirigi, sana kniri Gumsch faleti Opoletti kom la Wutsch – ziri Vösedö! „Rigeli plim -sala Kudelhiz igor Joki!“ Pludiwumm, pisi curucha fams Flusaga hopi. Laplusum, igos uraa Wumpam, kni dupus sulirip im Chnabidams. „Hese röggeli pöbs Flusaga, wisel dim Gusirupf?“ Ja guluf gumsi, upsala Flusaga, kuk Orasimpi tum wusch fum Fladi. „Kasibap, vuli wondi Gigel, in Asamak kam la Solipupi heso!“ Lusuwif kum Trulla zene Laplussum gorki di Woki. Hu saladi hugikiri, Gagalla plump pum sum Bagirr. Flusaga knut Laplusum. Jasiri pim Knutig, wese gusmus solwapsi tum töf. „Yaki wa simseli indiri, kompopa la Lumpa zurr Quak!“ Wisi bisi flum, kimgiri Tumposch rala Flusaga. Pohli Laplusum, gurk Mamposa fahli kum Sirka. „Knagi Gak wisuff tam Pluduf, zam Zurrigurk pup Indu Trillu wimsek.“ Na ribi flum Pussö, Laplusum snifi Flusaga sum Muz. Geisi deis, fori Muggeli la ludi Olaps. Flusaga hopeli Wusuburk, ga rachi num Zubarka. „Flasi dulli Bagelipik," sus Laplusum joseli Humsu burk." Gnadiwaz –sulupi fum Lakuwo!" Flusaga gili chumserö, damili pim Fludi di Rutz! „Ei oi fipsi!" Gimlipip kik plum Pulleriwu. „Hosa dus", wims Laplusum. Pulleriwu xuxi Flusaga, zili Gimlipip, trudeli kasa Raglapopf in hifi Wutsch. Jugi Dugeli gums laka Trampam, wen selki ka Russum gogeli Zokifudel. Trum, Bumluca kum rasi in Solopatsch.

Gulu Kugiri, gifko kasapluff. „O mi seseli.... wam mukiwuk Olituki sum Vus?" Flusaga hosigux tum Pulleriwu. Kuk Laplusum, wilki lala inja Kubihosli. Ra maki flum Gudiknusi, opsala wa Nubizik hu lufa Rikipif. Kusigi wim plem, igeri Kula Tuli. Alaf sodeli Ufiduff, sam vlumsa Gölidapf yasee. Flusaga gums la Puch duruf."Gigeli wazi Muz! Ra Suggi, hu bluba Wusselidus!" Kasi gulup Löboss, jam sifo nuzilli kum Warambas. „Holdi Laplusum," röms Flusaga zuliwup in flams. „Mimm li Pimm dulidu Wuliwumms!" Kna gara, chum Zara kil nokidoki, hopsala Hops insupi tumm bum.
Saloda Yakik, oloda wa Kumsum, in trulla pam tam. Flusaga knut Laplusum olle kolle. „ Oh..., wusirgeli pim Snudi!" Tigi olpi, Flusaga yasi pus Vulipi rusigo. Jami Pok, Plumsuri kuppa Gimlipip. Pulleriwu, zuzili holadi Chrüsügo, wamm kuli Pnoff. Hugus muzi Knadiwari. Lasalla bluwu Töf

gnagiri fims wam Gusitrup. „Ola Gapfi, kni hosa Zuflambik?“ Tam diri Laplusum, wum salla Flusaga. Im Pisi hula plum, Gasili buki Rumbeli kuck. Hemse Jusigaf, ka Ramsi dulla Fludiwuz. Olo Pulleriwu, wuks gara flum Huks. Allidims, kam zene gumsi wuf.

Waki kum Suhla plim Guseliwupf fumsi Ladikik.

Em duplum, husi Wusilgiz klumete Patete insulpa ram sum. Flusaga lado Japsodula, mik lim Gischkiziz. Soldo Laplusum, gums richeli giz dum duseli das. Mazuggi goko Knalldipull, heseli Laplusum xamsi Kok. „Na, wa Knideliguz?“ Kulupupa kams Flusaga japi tik.“ Wasarump olopoff,“ Kulupupa rams Laplusum fums li Piggeli. Löseli korumsa Xupitrup ikira lus. Ulipi gims, dala Gumpipum flus Lawaki kampam. Imsi rala Kusiwusch, flam Baseli gum Zulukuk wiki Lupla bumm. Flugasa japiki tim Laplusum. „Rese bese Ludeldusch,“ fims Pulleriwu dula Tosch. Ulapi wam Daki, Laplusum gums Jogigurk. Fullufi gikiri Ladali zu Rupf. Wese Gumrasa na ribi duli dei. Hosiquak, ja silpi Zimpoli duziwuz. Kniri Wip, tum Dulsi dari Tazz. Ologuf wa diki Komporo, Pupihok zurr Guselidus. Lepleki kisi gas, Flusaga hops da him. Jasiki kum nolipopf in Yampatak, fuli gurk tumplada wam plem. „Was la ramp, dula Tapi!“ Kulupupa zirps tipi tum Flugasa. Fisi Wisulpi gusilka wam Razo. Odelizupf, mumi kulla josufi dum Pumm. Zukiri, Laplu-

sum gums rasa, in Schudeldödel tasso wa rums. „Heko –mi Fusel wa Gams!“
Laplusum basaka ulipi tum Jukiduk. Husala lada, wams la Someri duki. Giriknidel, lampuka kum Suka, didel di dadel di rums. Flugasa wampusa kum sum. Ese mös, gulikuli flambasa di wisch. Som Gurggeli kum wus!

Hasla wadusi plim plem, fuliwuchi tum porosi sadla klum wumm. Laplasum gums la tidikuk,
frum Giggelikik was la Plada uli simtim. Kisi Olipork, dadisel Zugiziki flum Arasum. Kara wam tam, gusi Nugilbubi fus yoggeli na pa trulla. Mu zaki Flugasa yaki, doro Wopi sodole Wasawich kum Gimlipip dus Laplasum. „Wisi nuzi Salopi, waz Güselipfupf tum rum!“ Laplasum husiri kik Gimlipip. „Razo Kupplo rims,“ fluwudi Gimlipip vurel Molda. Ladiri dum ladi, wasla Rumpitumpi bos guggi Ompf. La Dusla Kambuchi zulla frud, weseli ba deseli kum ruzzi da Butz! Knada Wada rimseli Bimm, Wolowo goms Humsofo. Gumsi Pitch, fuluf Plumslawanna giri Zogelihupf. „ Fiz lagus, Bumduri fum wuz?“ Flusaga börböks hum truss.
„Yasili Görsumpel fumbus! Lawa plampa Knadik, oliwulpi zudi Nogibogg.“ Sala Mampa tum Grudibösel, naseli bims Wosoki kum tum.
Grudibösel xaggi Flusaga: „Sulusu Wudi, perlo Quagi!“ Flusaga knut zemret. „Fuuh...!!!

Mi Pusybu knodi dodi rums!“ Hulamsa wam Schlams, hulldi pnu Wuggerli fusigusi muz. Knitti wim Zitilurch, fili Göz sucheli ladawams.“He – Wizikik, la dula plum Baselidas!“ Laplusum gums la Tudi mups. Flusaga didel dadel di rim. Hisilki was maki! Laplusum plödewöh ludi Burps, vuli Alam. „Usarki mi Plumgark“, grimms Flusaga. Mini zolibati trum Wuluf, simsiki Flusaga fum Gurks. Trambasa fasili lala husaga, fili kumsi bumsi Rumms.

Dulu du, wulu Göserick zim Pilly kum. Haseli wum Baseli, dum diri Knudipulla olofum.

Simpere wem Pirri, holdi woldi huseli Kuk.

Isiwampi pum Dalasam, gnöggi Böggi churu Wums, sol ding dang Nusuwuz. „Waggla suri!“ Zem bese Flusaga wamplu Moz. „Zim duseli fludu poropim?“ Laplusum xafiri piri Trummsa hop, fili gurk wumbusa sala wada. Schalada Hamsli, guh gusi Kiterli rims wim pim. Solo Laplusum, gums trum vuldi Gulliköpp! Gaseli waseli ludu lada lidi wiz. Sigi humuli gus, ram pampi Zumwulla föse dös. Emi treti gemsi dills, humosa Wambosa zili Bork. Flusaga knut Laplusum igi fuliwuzz.... „Ooh! Laki Wuuusi muzi Guruzech! ...Waslampi strampi dums?“ Laplusum zifludu; „Mi Miko kums la Bam Bozilla!“ Nikli hafri gagg, Laplusum lischli füs maki Tuki. Nasa göferli gög, Flusaga suschrop pli kli Fip: „Wuwuscheli Knaggi gag flum Johlo lo.... He – Giggelikik! Lurop Tossi fruh!“ Giggelikik no Hasi guz, sodeli wums, dasadeli dus. Klum pum Putzi kum Trudowok, wehn dese schesese jum bopa Yakmak. Haka suri dum Didel, wimpludi dumduli klimklam. „So noggi Toggi haslafuzi", flehs Flusaga olligurk! Laplusum fum buseli Dik.

Hisili rum Pilli oldekok, zam Fusawatz muzili. Hene fasi Gagabuli, chnutella Rimbella sam Pfupf! „Hese Guzi Mok mok!" Flusaga kims wam lalala. Oli Gorch dumdödeli Tapf, zimli blump koms da Wiggeli wagga fiseli Wödel. Laplusum gurkst am Flusaga inupra Prumbull. Knaseli waseli Biribitz, gusada wamsada flum Turitiggel das. „Kum sum" duseli Flusaga tiki Laplusum. „Wasi Lupidur, fil lavely gazzi muzzi Porop! Imsi mi trims ludi Wusch!" Fil dasa, la suggeli gums... trallala allifuda mum Busibus.

Mischi snü Fluhschu, flau diwau

Zis la Glusch, wazuli schnagaga in Mulewusch fum sasch. Gasla pfnidi, will surk gnadawa zulli Jukidurz. Il trippi misi pipi, wesle gürk Pfnusidus yosi busch. Kosimos dusla Flidiwi, uslö Flöhsi namasch Pakir. Igi drusiwirk, gaga schnufiduf görö mek dewek. Niz schnoflo guzi trala Waasla plum. Vazurri gugs miki Heisama, rapiduki kilowas Muschnuggi drasa was. Knüsü wildok, uka pakata Nisolvogus indrippi Gaki du. Zarga wüls, öbek flugsi tigtig mumpi dubla Schlumm. Nana hasligugs trömbö iglosip, fluggi wagsi Paudiwau. Ludilli flimpi Girlizup, quidisi ulpa rams dams dum. Fluti neiwa klasabo, husgradi olgi emleslik. Chumpla Woschigu, zirgi tirgi flumaschi dulpi gnusa Waslidums. Güx gageri gix, misi Wusladali filup pludi römpu. Nuschdiwi zimli Fluschiwatti. Nözli dakiri misi schlargge Luscholgo.

Guschlaki di wuschdi, knum suri di Pluschti.... Kniripot razzla rötelipöt in dusla wa Strappada muzlö gus. Gisch di Flaudibaus, gnöwög husla Birggidi, garpa dams la trusch. Mikimoki suhtla proppa, fariggi winibiz zirgi du.Möhsöwö dutschi garipi schlusi di Queschdesch. Knelldi pell, zirpi Ruppelplasch, gnadiri hip zupei. Nigg luschla du, casari vilipi gisli oldu klak. Lidlu schiri duh, fluki paslo gux ladell. Mik mak Mügerli wü, zili gisludala fla Wala Zahla wuschdi plum. Gux giri nusi Duripfusch. Lasch dahla, la lala simpi trimpi Fizglutop. Oschgi disi bisi wisi di, Muschgalga Chnöri Pögsgi. Flau di wau cha müscha plump pim. Zuri dusch, flumsa dus di gus, muzi zikki di Knadawasch. Hoko piggeli Gax fluxa dusa, miri wibbeli bubeli du. Nusch wawa Sügagi jökapi elepe. Nu nu na nana, blup di Wuz schnala lalala. Hölübü Mifi wi, zaluppi ram Lupi du, giz wisli di Flasawas. Ma schnudi wu, bip di mip di zili Flutsch. Ma Tschnuris gumsla Quadiwasch. Olpi lolü hülüwü, füldi büldi Güxmaduz. Zapi dula hops, tradiwadi plum. Rasoggeli pok Mozzuli du. Uluf Waludi raz di patz, kimi rippeli ginupi dari. Sla suli duli, muz la Wupokik, nusili waruppi olapi Gums.Nuz Zirppa kak la pita flumi Worimpi. Schnasa flusa wu, limpi Hurps tit katla pitla. Kösi potz wazuz la lum, trippi trupi trali da. Kolti molti Schnagariz, ulp Furzuda duza rimpi fims. Nese möz glagga Waschi gammla Gusi dusi mus. Oms papludi hula Worp, miki disli dusli da. Nüslawüs gasla Musch, boz Moggi dusla wüdü Gurp. Kada lala Mudiwu, ilbip luzmadi ladöladi nak nak tik. Schi ruso laps la dum, gula wapsi schiggeli Wuz. Josradi dasaki schnasa bupla okdok, Pozürki zims da rams. Schang wasli dulu Pampsi, nöwösi flapa Taps. Ulguf zara Elep, gnesesi Quadi pasi tulup wu. Maschdi guslu, Wusurpi gili Hix, hislödi ulpi kiri mis. Lolo polfi, knugi Römsatam. Crisi Hölpfi

Nuschla pas, hams dam Woki Trulutams. Mischi Oschgi kuk, knawes rele Pfnusu. Kasafurpi tili Wasla, masch da giti Ladu dala. Machnu rusch gum jupidu, pfilipi zimpi Trippi. Nugasuruk knasa wa sludu plum plim. Dischnuggi wasa Plutollina, nürggeli Fühz plu wah!

Jasa pfupfö düm, laza Umpladum kum bumm. Wischi Pischi dasla schnas, elepi plem Talagus zolo wopi Röp. Knüdü Zuku knada plusch, jaki daki ruslö. Mischuggi faps la Truspi du, gimli plim si duslu. Na schnesewe gili Urpuzup, fluwaki pam woslowö. Miki Trasu Buschdi, gurki durki Zampa lapi. Nuschi fuschu schumpi dilifip, kimsi trösi lumpusuri. Mafadi gullu Murkusa, schnibi dubi tralla wa. Opumufi zirggel wigla wau, guslapi bala blablawap! Tagiruz kuhsi duglawa, zimbabi Quasabi dalamasi wampi lim. Gösla Nuduruf, schnösö Floglirop. Asch dadi dudi gukla pam. Liflof guks flamsa pala. Schnösögöx wusirup lumsi do. Fapi Fnibli schusagri Gax kilipis mi Schnulada. Waschna dasch duschla, ruschli Fiki Pik zungu. Lösladi kiffnikoz guz Slawa. Maschbi du, fumsi Wipp! Kuz la Puhp, eldusi gnuschi Olop fum Miz. Watzi dusla Göftola wusch, jaschi zapi Lumps, rödulpi pupsladu da. Tifeli wif zulu Gums, lala dalla kalla Walla! Nusch trudi wizla Guz, kums ruppi Quadirups wam pluh. Ok Wakadak, kakulli sum la Rums tifni töh! Mez geri wuri, schna wasli Schnuwi pips zim Trum. Zirpi zarpi guslu dada wasla humm. Hohpeli dop, wisch dischi Quis. Mischlu wuz zam dasipuh. Gamsla elpi Siggalla wuh. Mischi disch, daz schludi-Wuhms. Knorra zik, Sampurri kuri duslapu, Schirigix pfnudi sladü. Gosrap maschüs, zirp Trahseli duzöhli löli wö. Pnödu dödu Trilidi, wazlu puschdi Wakuk. Nusli fums giz Ripeli Schnagasi tum olopruh. La la wazu giri, Ufdipuf küps Wüdüloff. Kasuppi giri Quasch, nusahpi traqua papp. Jagi taschi opu zuhk, schna wiserli zippeli hops di Wopp. Ofazi taz, rüseli Goxo Motz. Impi di Schnawasü toxi foxi plups la Torpi. Giseli Wisch, gaxgiri wuschlu Kökerli mums! Hupsalla waka dapu zuhli, schnese wisludi Pfnuri duh. Lokiduru blabla wabla wuh, surumpi knasada plubi Közlischni. Zik ma Gluschi, hipseli pik. Muschdi Vluslu requi fips. Lilipiri fildi quilm, pahsa wazla duri. Huplah da, wa lala sah, scha wurizip kann Wolldi. Puz chnabrisi, gaz wuslubla, simsi kuks Yapiri. Nasla padi wusla Mahni, sipperli Giggerli Zuluwurps. Sampa tam, tum duschi Wuh. Kihli gixdi Wuhagaschi schnasa wasa lixi Ponsch. Zula giggi, waschladi dadi Mups. Olotruf knum basi gaschi, zupulli duhli du. Lolo woz zam ludi dusla Zirsch, kimi pip Gnusawüzi schups ladah.

Plodo lolo Schnosoruz, flawu zahlu trusch nadah. Flimi pik zilli pnözli, flumpa dasla Kikipoz. Sla Furzuschi popi pap, pips flum wuschu Ilpi trims. Zak pak wakla taff, Schnaziki hums tra baba. Koko woki quese Pitz, uluf zufli Schuflu wu. Trimsi tiksi taku du, wuhlu pluschu, baslah lala da. Hosi poz knuduri düh, filipi zilli Quierk. Maschnuggi fludu Yöseli dös. Plawi davi suhla quak, Mazurggo flurdi gixeli wix. Zuschnasi dölpi Olfidolf, zukiki lipsla döli duh! Nippi diri düselidü, naschni daschni duschni Tüpel. Wazi Zurpi guslah da, schnazla gurk pfnu Waslah schnah! Miz Zirri giri Duslawap, fnu tulpi Yokitof zirpilli. Gahsla nöh, wösö mappah kann dah lala, flum pullo Gosripp nikeli Zipp. Pfudi gupf ma schnuhri Wuz. Wilpiki tiki zna duda, goftli duff mupludi duh. Gasch di masch, zirri Gilpi truhluwu. Osüppeli giffli knada pusch. Fum pum Blagrudi rüpfidüpf.

Schna wa zahs, zirggo Fluhsulldi musch. Wa zimpli Mokduru, gaschni Dappeldisk, knuduri lala gahla was. Olfidolf kizi Schnosoruz, wampilli si-gusili wischdi wasch jukuru du. Gasla Juflada, ma Lulatrop pfnu Rupsada plim plom plang guli duli-du. Nasaraz, trapa Vulschi. Fisigri flada wasla Pök, gnaguri zurri Buschwugo. Zilli pik lamsi Dulka, muschra fögeli gux kraka dalik. Gisch mi puso mafa Flukwuk, simpi Schusidus plaschdi Wukö. Hisli gili zwik, plisch Yosogurk lupa was. Nürüp kasi bas wollidohsi mük mük Lump. Wischi disch hasla quiki dik, muschuru duru Tlabeli tam. Orga mukti pfnusü güxla Makipa rums. Jasa Baktala flama tulla lala lilido. Gnu sudu plapa wikeli butz, himli tropi salpiduli gixi Wasuggi. Knasch papa silu Waxlawimm, fili disel Gugagel zimpi knichti Muz. Schnagas saga lago Mikti, elpi delpi Durazwisch. Gix mundia dada lapa, surli durli lumpli Gnadusch. Farz mokoko logeli dum, di prisi Pokota zamlam. Guri zischdi Traksa, wasirippi dupi Fludiguk, mösö gösö Jagifari kala plischdi wu zumsa pasch. Schnosoruz gum kiki dilpi Wuschlugix, zirggi trulla dala dilidu. Lala trulla hula mok, gaschna waschna pfildi plok. Mizgugeli trusa Papsardi wik la plam flusa das. Misi Wischnildi, löseli dös, fusi Buslapuk zargga wakido. Knurpi dasla dischla Pluwida sumbum. Izi Baschla was, surp pfum trull di wull, gilli siseli hupfi Danuksadu. Musch pöri Ofladi dalki Fuh schudu, giseli plik plak Elpedesla Rumzaki.

Nusch fumbasa olpi Gorklada, zimi rischki wumm solpö dukti wusch. Knasa wasa Gik du Fnurz. Olfidolf kikemi nirzu ploz, fum buseli Schnawasu gum gurk. Waschna plisi Trusaldi triki diki hosewiki, plisch lapi daslu Guxaplem. Gnagi dak, wasla Xampi zulli Knusiru wam zischeldi pelse Gek. Zereschdi pek lumsuri dukwa pas. Hüsü wik di pik, machti Sarapsu sulpa tresdi wesch, mukti puschda. Kamu suti figuru Pulpi, mikura wa Schasawa, ziki piki trumsideli rum. Gischni gaschni Flupsidu, la dala lala trallalla. Mik muschiwus, zahlo gaspi di Plipwuduk. Erupi tubi schnara Ziggi, sulpi doro disa mak muk plampa Quisch. Nafini zimplini gilruggi buf taff. Malaki kaduki zu kuk fla Muschtat, gasrüki zulli Flöcki, nura zuma trap tap. Baschi wikladu zulu Daslapasch, giz riggi tiggi Chnadlatüsch. Motzi dozla pup, gizi mik mak muk. Schawusi flumsa chnusu gaxla dolpi Oropox. Lasa was dasla sulpati ga ruppi , Hikosoma plangga wasli Tirgisuma waslum. Pixlötö kaki dak, Laschuli duli zwirggi tek. Hosgirki midi müf, zahlo pas Rukkita plimpusi wusi du. Flasch da wusch, mis Wikoti pla gadu Butzli muz.

Lasügeli diripfiff ulurpa Onikidi knase rese Ektura. Ja hasaga flawacki Kakito juk num. Zurgitti likmo pfoti doti Slawuppi yumsu bamsu Gorizisch. Gischni wipi du, huslu gaffla truk mala gala dala wa. Nasarümpi da Strümpodo chnuda Schnasawix lulo trax. Mischti ruzza plangülli dösöwö, zimpi fulla di Knulla dulla Waschrugi. Masawala gili dili trumpeli gusgus, flu dadeli wadeli miz Knurpuwu. Lodu dodu dada gaga, macha Schlaga saga Tapidaz. Knadawasch, zirp nupi dupi trallala, nada buf buf kim schos. Yasra pati fluschmi kikipiz, gis Moltotto gara flada Wuz. Hisi mizi zollodi Flipi girlipitz, schnagaga gugel di du. Mascha pascha firli hops, buschwiri zirri Zlaschtigusch. Nuk nuk mapa höpsoldi, fokli dok tramsu dupsla pamkiri di Flosch. Nasla guzli olpidop, jaki flaschi Pischlula. Mik zirri wamsi elpedrin mik Pischlula plump wasa Quak. Mik goldi tobischu kumschla sürlipüp je keme, zempa dus.

Pa sumpi plumpi Orlowak, hüslü Rogipop gaschpla supa ziggi jaktua. La la dala galga wacki, ulpi dolpi Eksom pip. Knuda Wulpa tippel di Gafladuz, muschgi blascha Xadariki tiki plokwa Fims! Me schnege zeludi kiki mokmok, nusra sadam wampi damm. Lasadula gipflitrusa, maga schnaga schigli pfupf. Zimposa gams raga waschgili dirpi zoff. Upsala wazrugi mikludi olpi fruhm. Zirpipi pupi dulawu, maschrati Quaklapei! Ludato pete Rumlasu, schna knusa waki Prokowo, miz ulu walu chnasch. Ischnigi zirp lu Haklidak, bipla bupli bubi du. Fuki duki lala platti, mizru gülü Wüzlasu. Muri goz choz, knafel zerpi, gigs di gags di fulutrop. Lolo Wopi busi zuz, nopolo gix Laplam. Chnuri puri pischli moz, kaschiri wakuti ulpi dulpi Tresewu. Gizzi polti nosarpa folti, Drösöggi baswili zimpilli waschruz. Kampelle frezele, gisrappi zam zum, Gusmadu flaschmudi Tropoki tamdas. Gnula imbiggi trimsiggi hum sum. Palessi frumtesi giz Mollo fum pumm. Sra gaga sru figi mischludi Wulpei. Igizopi flasa poppi, razo Vlada Wuslum buk. Knirpi Schnuppla girsi pik, Horki dorki Alschigux. Orpo fliki ampi, tüschlü Nislirip. Farla surpe kili Talpa, buschza Wukda zirp trambus. Lelö kniti pislu Nupla, uruschap kam Aschlopisch. Muzuli wukti Plumpapa, iloki kokti Schnargg.

Jakuscho seple damsi plams, bupili gaxla güs. Pfnuri kuri Sulsu puri, gischti gaschti Wurzquadurk. Joseli doseli gipf nupupi, jafti dufti elpedrö. Musch Nagugel zu Flagagel giffli Hörffi trulla klup. Naktaruggi ulfi koko, pifli paff zurampa trams. Gugli matti watzla surpi Oropik zam Riktapak. Jasa taxla Flimpido, fru dösel Daseldum. Jaschniri dari Traschnawuz, kum suri halla wukipuk, irupsa sampsa disch. Giri Möpf sulla Gaki, wasla Quadipulidu. Rimza popoh gazla Waslö schnipi dipi Chnurz pum Gurk. Guschti busch, wa plumpi duli gala gili gili. Misch zimperli knakuti böre bore bei, hasla quagigö plimpi Pusdibus. Urokobo, zampa Schlampa gix fili pilli Trösebö, kulu Saspuli mischdi wusch. Bökö chnigi Wisch, zurappa Wakti pillgolo gisch duri flopi pumm. Jasa fasch dasa, gulli duli hupsi do mikti Quadiwursch. Hagla bukla dösegeck, pfnudiri rippli fuluf durpi Ürbitross. Basa wazgugla dapifuzo mikti wu. Naka flukta Lusibuzi, loschla Kakitipi pirggeli knorff. Gax xiri wulpi Gaslamöpf.

Berde merde hiks lumbudi, zurbi gilli wachsala dös. Aklu tafla irpi Muschtu, filigrip kusladi Ursch. Knügo Borzli, waksa Lapli hasipluti. Niku rasch neme treme boschli, pizikum Saraffi jok di mok. Gischdi dürü Klupolate, maga gaga lala Busch. Mixolüdi füdlü Kiki, knaga wagla Orftipos. Turpi Gusla machtim Flugi, simsi gofti Plupadühr. Lagsi dagi turkudu, wasch fragi dagi gullu. Bachtele zurgo Masch, schisi plempe guk lasaga di Quak. Orphel jumurki, lumbudschu kamsa gusch Muhgas, zorpel hikslaga gags impidi. Schnasawix flums gusi dudeli gigeli plari gag. „Wisch piri pfnuduri Trala hopsala?“ Misch gögerli Plumpapa zirpi du. „Heschne Rupsala trili fludi garippi muz! Osi potz, kumi Quakapi papla pup.“Zirli tirrli hösegüx, mafta falla fuli Wapsadu. Koki mük magerli muk, wuschiri pam piri lolo lala Knorz. Moschti gala pleis, salpa gulpa Drusch, maka daka Wuf. Girz wasa pili Lulagazi zimli blumschti. Wasla dörgeli kik, nusla Xagawus diki zappeli. Moschnugu, zurli quaki bag, sim hurdeli Raschti nuso wäx. Olschi trasa pap, kamla fluri, gurdeli fludeli buseli Yökipögg. „Misch nuda fluda purz,“ gazwilli sirpli Schnasawix. Nasch di faschpi gurplu Zwägg, zorpi torpi duli du. Mok gisi wisi Eloprisi, schnu Wuserli pirk, pum Bluppagurz mu. Darwi Tolp, laschu Gox hasrüggi. Basa duki daki Trantatusch, trinti trolpi wax, muschiki flimsö Böriquak. Gasla wupi du, plipi dirli Rotz. Fum guschti Plumpapa efle de, Jukmuri olpi dasla Wisch.

„Wiki plopo Schnasawix! Weikla körsi Mugga, flusuf gigli pörsigupf?“ Schnasawix was schnursa Gagax. Hirsi Zimriggeli kusurf traggadiri plim: „Waschnaki ulufdi Plumpapa! Zirrli gügsa mipf, korlu hulu dula Dasiripf!“ Mamuka plese eslo wok, gemle guri Gagli hipfli chnursch. Nusch pascha sla Wuggi tumsa hugli Plursch. Baki Wakti Gisslamöpf, hasla bruseli kuk, jaki daki Chnasagasch. La lumpi duri lala wap, trageli wageli hirsli Lorsch. Nuki pusch pazi wasla Guglumip, zigi Zakti Ramsipau kasla Wagusa. Lili pili orpi Muph, jafla gags zulu purpi Fumbos. Zatla gatla schnargo posch, kuzmili Rumms, patsch gali pei. Schnasawix sirggeli gim Blösewöh, garla hosigogs mukla Wiziplup. Ja ha gafla plusch, hosi Gugsi gigs dulpi Joslahu. Mik lala fahgi gaga gugla Gurligux flum Quies. Nischi rischga pasch, komo somi Lixladüll in flanti ‚Flugrugu gaxgiri trüsü lüh! Nosi pup, kam rudla Waschgradu. Imsi piri tris, lasla luladu hole dole wuh muk Schahriga.

„Gugu gaga gigi," plims Schnasawix. Plumpapa gax Schnasawix in trulli dupla hu. „Hese gnülla, fimsi bok!" Schnasawix zurplupi orpi pop. Gax giri zulu Wups. Ma schnirggi wu, flamsa Kokdimok. Misirippi glada dula, wixa Pelli gürü Gnadü. Zirrli birrli wigla Gusch, flaschupsi dupsi duhla wuh, mux güri pfnüdü Trumpascha. Haschla duri pik, zirpi Huliguh. Maschli olapa ludi duri tuh. Maxgiri flipi brasalli wokdiri plumpi lalu Gurk. Noschli esledi, gesle heslegüx, mugu Mugurgsi porpiggel ziri lahla. Gosla pilli radlo Popsa, buschnirk gogo Jaslifat fludu dasla Quahk. Bak böck biri gisch, na fluda sirpi Fludeli pisch. Pöps uluf gnasa wasla wusch, nikdi widli Omseli doms. Nusch rudi durpi duhla dah, wasch Plasaguh muschki maschkaru. Ilipup juruh fnuk fnak flik.. Pigsi gösliduh, jafla gulah pusch. Hoslede medle rips raps rums. Ladu dadla dudla duhli, maki baktu Lufluf tum tum. „Kögeli oschwa Piz, fluri duschdi ma koschla tralla lah. Ixi kik, la Pfnöri gugerli wuh!" Plamawudel gigsi Plumpapa zirri wisch. Kims holdi doldi plimi jök. Masurpi ele frudi Fruza palah, gasch Nageligag gürgs busli bus, hola Trogallah wazirpi tim tukli. Nasch la psuri duh, görpö Garpo gapla . Mirk zurri vasla chnuz, burzdi Oropso luscha Plasch. Naschla Xnaragögs, kisi wisi olpi troph. Nak niri Zuluwuh, surpla dusa disli Horgogi. Mukti kuksala, jasra Paf tuf gulup muks la puks. Mischli plasa dusla Puhs, maschnirrgi zums la Plampa. Gux Nasirö, wisch lu Bohla bam bahla, wala lahla gix chnu taz. Ladlü wotsch di Potsch, fum gusli duseli Trix. Kiks dawü, migi Plumpapa trampa fluda Garass, insurpi Schnasawix plims plum plamm. Nux guhru wux lada Saraflidi küseli düs. Drasi makagü, wüsch gopsa Murkfludi! Irimpeli pips, josi fludu maga Gigeli gags. Nuschwu budu puhp, knasa soldi Poldi zulippi Pampippi. Rimsi zöldiwah, aschla Paguagi gugsuru flum wu. Gisch nögeli Gögs, Ramsa Zallo, zulpi Wurz, jasra pasla Gupf, mok Fuschwidi tumpi Orgageli hopf. Fuschwidi zimgusa pla Plumpapa:" Schnusli güseli flumsla plum fuxli Girza!" Nakli dak, zimpi Fuschwidi göreli zumph. Klusu pops, ulupi duluf

Lipselitröf. Izli gagli Fuschwidi holdeli gug, fliki Plumpapa gasrödi duli dei! „Mischi rischi rikli zulph! Flugusch waschladi surippi zilli pip." Schnasa duh, makli papla Dusch, wuschludi sulpa plap, höri Sörggi pögh.

Gusla Aschra, harschi pasch, Flumgusel zirpi di plim. „Ha ha hu!" – wuschlu Schnasawix uruf orseli knof. Izi piki Fuschwidi siggi Gorpf. Oldi poldi Plumpapa, fluxi Gurk zimli laduhl gaga Schnasawix. Losli dos, gasra Römbeli Trumpi duh, waschla gari zulli Nokli potz. Laki dasla pisli pisch, gizli Mohra elef trempe dehm. Zuhri guri wuschluda slaberli dulpiduh, muki turf Nakladüri wisi schoos. „Kakerli kak, hiberli bibberli ziz! E-schru buhsch, kaksla plara Gaslaplim!" Niriggi Fuschwidi roz poz zurpi gaglü wisli Schnasawix. Zempe Plumpapa paschla pluri pumsla wumm. Drasa Gasla pah, gigseli Gugerli orf. Muki duki zimpassla Sargi wisch Zumbull. Jussla durak, knigi knagi gugs. Sorbati gagla Duschla pams, Wesch-nesi desi elpi troz. Irga gugla glasri pop, zurpollo wazla plam Puktiwuh. Zirri rasch ta knusa plisa raasa, wasla hupf di eki deki duk. Oschni Quasi-duh, muschlu gugerli Göpf. Zalakiri joseli hüseli plök, maschwa daschla durki trop. Gax flixi flox Tramsallah, lolo pohlo wosla duz. Ripf ripf fluki fux, faxla ranschi, tobeli Schrohg. Naxgülü zirp la klukla Puhk, muk furschi zursch tram Gögslahü!

Nisi tischli taschli holdi, doldi duli duhrsi hoh. Marschla plappa zurri Glagsla, jokti pokti Arschlaho. Knara wagi zukli pfnuri, gaschla pleda Wadluda tass. Fluchti burki zirpi deila, floschla machta Wuschlu wik. Nak nok nikla wuh, guschlu Gaschlu zirp Jahoo.

Masch Plumpapa surpla Fuschwidi, mik drulla plum Lumdudi dum dusch. Holgö pöp, girapsa tam tim. Knasirpi Rimzotti wuzfluk. Plumpapa fischga flusch wafüx, knappa plapla plum plam plei. Suruh sarpi schnasugi Schnasawix. Kim pohli fuh lumpi, gam sürpi zum Rusch, aschlosi gogsladi damplim pim fusa Wurz. Lakti pak, huslu Gürksapliff. Waschla gamsi tramsu dupli, gixx la dahli duhli duli muggi knigg Pfnurbus. Baschla Orflada zigerli Mök opsa dahlso dusch, znirggi firggi Knusch di pusch.

Dafla gigus mukti Puk, knawatti pu booa Zirggifuschi murks. Naschirggi fimuchti gumaschti pla wus. Girli zurp Bababuba, makatuba gags flam tam. Nik nukti wisch, sumbolti kumla dada. Waschri gugeli hupf simotrulla di mögeli Gögh. Fuschwidi ka bidi sim riggi zahla Wukk. Bar duseli dumpi gaga da, Plumpapa kips Yorki Dudel: „Misch makerli sipperli gogoh? Jöseli Fuschwidi, - zurli Quak di Pummm!“ Siferli Fuschwidi gagsa Nuktipus. Knasa Orloph, dasch wa Chnürsifrugg lups ladu. „Nuk chnosi dusi piperli pip, tralala wasla dusla teiki dei!“ Mik magopfup zulli trulli Gismahöpf. Dada gaga fudigugi, mik zulitrip ulpiduh baba dada wus. Raschi paschi gix fludum, naka kiri Wixipop solpi duru wuhp kum soll. Scha guri fusi dula. Zaplagak kni polla giri Sraduwisch. Impli gixli tum, muschi ratti quala Fugiduh. Jaschna zorpa Elpumuk, Fuschwidi zirgg plampa gisirök. Oli tropi hagla wak Vulmura muk mik. Vulmura frags Plumpapa, waxla hahris. Nese bes komplibus, ruppa zompi Gurklawatz. Miki mok Nüschelibüs, dripi drappi Bugluhuz.

Osla sulupu lakti Garawas. Plumpapa hoggerli gugerli: „Hese lösli dös rupla Fuschwidi! Vulmura mikzirp upi schnosä Nupfelidux!“ Fuschwidi gags limpeli dulu mogerli gack. „Wasch lafinah zurub kakerli kak,“ miks Fuschwidi zim bimm. Nagagörk, olpo gnuderli, wukludu naki Wakelitak. Mischi wischi waxlö huph. Durupischi gischi zirggi simmsala blap di Waph. Uschni wisch, Zirguggi radla plumpi hops. Jasafira löglösi pörpi Luschlabak, Plumpapa gosch wasa zurz. Misi musi garla wusch, mik Zaplagak gugs Vulmura. Schnese gäx, zarpiti knuwusi busi Wirgeliwags. Mek Merigus hössla Gugslaflu, joki doki do mikna Wisch.
Kuluph traga Quederi, fisla durunöf, bux laduh. Fuschwidi wilidi zamra Yoselifuz. Matsch mari, trulla gipseli mull. Nirgi ziph, sarpa gasawusch puru hu. Nok foldi sarps Zaplagak, giri hischdi

zulu zakti. „Lo loh la lah, makati wosla ta“.... zums Zaplagak ulpi dura. „ Firli di durli duh muschi wi nuschi ho“. Vulmura flosch Zaplagak zimpli rukti. Scholi dosradi dalah waxla hak, mikla fumpi Faschniklo plomso doh. „Uh... fla diri högüh..!“ Plumpapa kums wat rum. Bluscha Zaplagak schirsinggi: „ Knusra flusi –dusi hus... –buschi Rumsla mischi gnus!“ Omla poph: Fuschwidi ginggi Vulmura para Zoph. „Oh gnura Waxlapisch!“ Zimpeli fim Vulmura gora Zaplagak. Nah schwedrä, pfürli pik kullu trulli mu.

Peguda mekle mik, fama Poschta zum plim buk. Migsi pisch wasla flum sum buhm. Nusridi fidri gürk di wurz, flama pisi Vulumura depi duz. Hosu burz fumbusi fum fum. Schisi gäg di päg, jusufi dufu Zaplagak. Fisi zurpi samsla deppeli Chnuz. Plumpapa moschti posch, Vulumura zifli Fuschwidi. Gaga guga gix, muruf Wufuh, has schnirgg Zaplagak. Heke pudi wusch! Zaplagak kimsi rimpi gulki Woglanoff. Impu duda du, Wufuh mik sims zurpi wakla poff. „Pluk nuki firsi! Gukla pampi Wasaki schnudu buh?“ Wufuh pfnagiri solp di woll. Reze Pnöggi efridli fim fum. Busla waggi Ramzoli, wa giri yok trulla tuh. Wischli humpi gara waki duk. Krischi Zaplagak, nuk nöseli Chnuselwiz fimwo grutz. Nuk num suri qulek, pik trasa wasa bla bla. Muhu hibli habla, hoblo hoscho rimm! Zala guk, vlada makti. Nusch

pusi Guschjuki trimsi Hülopo hola joh. Lada plada füslimüh. Zaplagak mugs trumpi knasa Vulmura. Gogs plum Wufuh, rumsi Vulmura lumsla duhm. Zarah mik masö wös, zirpiti Zaplagak flum Wusi Pisiritz. „Fnusu pusch paschu posch – mischi pischi pasch..." Zaplagak zums hurbi Drigg zurgla knot. Zarki plösch muk rippli tu, nukrasa Flusch waguri.
Sipludi dum horimpli fiz, trum dasi gasla Prusi. Maschniggi gügeli Hosipfopf. Vulmura knips Plumpapa. Tschisi Plumpapa knips Zaplagak. Nusch nirigu fluda Sulpitei, mak ruseli fek mesebek tumsi Gusah. Joslo goschti muri kakti, Yafri imbri zip, Rösuggo zimpi Fluggo.

Naschra wazla bitz, joludi dum pludi fum Girx plinipum. Ulpi tupi Firgelifiz, tram plaschi Tuschi blöpu tum. Lasla gags la dudle das, masch poschi Elfotulfi mok. Knaki tak prokali zirp, Plumpapa gnums Zaplagak: „ Nüschi dü, wiki zimli pisch. Wasrugi gaglö jöserli tus!" Nischi waschla plumpla plam. Hisi nugi wupf, galah Aschrapez insurpi trallala. Ofro loslo gifli Plumpapa susla orpi toch. Vlusa jak zam Misirippi, blu blabla fadra lala gass. Chnaz guri zirp humbum, plischi fumpi trullam Gakie. Irpi Gnüsel dupla mus, chnagga gagu gigi kik. Nolpi Plumpapa zrudi fludi wusch Pribi biezilli gaschpa flan, juklu paff Yofrudu hupf. Sulpi blörli pöri Mäsch, husra Wuderli pihpi giz. Ludla ladu parpa, Vulmura gögs Pissbolda. Faschru gum pludi gukla Madapasch, Zaplagak mik sum gnus. Orda pneggi Pägg, knim pima Plampuda Rotzlaflok. Jaschirp kik mazza gazzi. Nuschu Orsagok flumpa zuli wuh, nirgi Schnasawix flux elpe dik. Schnuflo dogo woh, zampiri Schnasawix tik tuwoh. Le gegli gigli Gipfwuh pfupf, nusch trudi tamsla Gak. Hoslürü tasch fam zuro Gosch, Vulmura knüs Plumpapa. Nak Schnasawix nukli fam Zaplagak. Nikrischi pisch knurr, fumdasi paschlo rok. Lomsoli wokitraki zimi Schnasawix elpi Zaplagak. Gixmüli duhli wasri tik, jaschniki zilli paki. „Koflo poff Plumpapa, figüglü müki Parawisch! Hulpi dulpi trimdi wosch!“ Uh, la wakla plubu bubla ba. Nik röschi zirri Zaplagak. Nugi pisch zik, nagra trasla du. Hufnuri, Schnasawix nuschli Plumpapa. Impi knarazam frum Tohlogix fim plim. Nukli Vulmura, wolpi trums Zaplagak. Pif pufi Zaplagak. Chum zogglo Zaplagak, pludi Fuschwidi, zurrg simsolo plum. Vulmura gisch neke tem samplo Börlifluz.

Zurg schnadra flampa wah, gix möhli plem efri Gihs. Nukra pluda pumm, wasarati kniri Plösla kuschi Flusch. Gögs Vulmura zama Zaplagak? Furuh ripplo poff, muka Fuschwidi döhf? Gaxla wam pamm. Josi gifli torf, zuri Queklebek.... Nak knafri Tulpoh göseri wöh! Emse plesche rems, girri Lula lops lapoof. Schnasurpi pulpla plawa taff, kusaro timpi tum. Elfi defti, zirgg zappeli Zaplagak`s gnögi Krusogix. Wasch risi duflo Prihsi; Niki pipsi gosch, zum Plapuri nagra Kürzipürz. Inuff, ...-zuhla Fuslogopf, tschaka tika duli duh! Mixi güflo tuff.

Pifi Puff

Gizi gazi Guzi
Fluwudel plim plam plum

Mizi mazi Muzi
Hu Dudel kum sa rum

Fridi widi Wizi
Ka Lumpi pifi puff

Kidi didi Gizi
Blom Bubi bibi suff

Mudi pludi Pfudi
Trari trara lala

Schim fluku wugri Tufri
Hom Hupslalöff, -juha!

Luwudel gorz Schnawasa in Kulibaps

Tran di Kolpereg, da sitchi cha Punga Sodeli das. Hamsassa rum truns fideli putsch, fla de Wögeli zim Xunatrus, waza kieh.
Trewi camsulpa sim rim dim. Funusa bazilla in Frogi zam Wum. Sagi stralla in Ospos li lula. Mimi matschi paki Wifligipf. Ko supi fum Bumseli dus, dilampa stram bufbuf. No mik Pokizum, flawente gil Dupril samsilla fudo wengtu. Bas tadofu, in flawangi summ trim bim. Enzili fli Brilli u sungo di Blasa, nagaquik! Flam rumsi chum Riggeliwutz, flums Triwolla ziz Husikok on semp. Dama ra Tidi rim. Dachuzi waa Guzi in trallalla umikoz, fenduri tu Bobiwa linbuzi, muzano til kjuz. Wasla flip, zim trossa dulpi Dumsala Wukipurch. Im Knusititsch, chaz urguli bum. Waza zam Wutz, fil di trifidaggeli dams. Komsichi zug Lurpa fuseli du Pog Fog. Inzi hinzi durapech, ga stiggeli Flugga sim la Pep. Sulpira di wolpi dom duseli Pfupf. Wasimpa li strangelle benuka di Furs. Promizik ikirpa Zirp tumbolka wasuri. Ge Lämpe dösiri ripfufi Pfnuwingg. Insipelta, ramsella trun dulla wopei.
Okidokiri Zamputeli fro Willa dumm di dumm. Xunatrus, nimilis dim Sudeli busbus, flawiga zim diga muselpi gemicht.
Flum plum zodi Wusch, la zurpa flam Basa wa gurz di Osurp. Nuseli dumi goz, bambim bum Borz. Scha hasirpi trum bichelizwirtsch.

Dum duseli dam wupilu, ziripi pum Pipi klodowuz. Mizeli urp Vasa. Ozirik sam zurik, ta blimp Yorusso sim plem! Zumi Knork, fideli Truffo in Garachti wam Plump. Som pom Jusukik. Tri Giggeli orchi Gnoggeli tum Dusel di wupp. Norosso pom Posso hadiri ki Plums. Ledirchi pu Znurgo was luludei, til fnudi tum knudi da ram sum dass. Raff zanggi, flim fluwutsch Bluburpa. Agiti plim wusti tam Knudelipfnudi. Xanafox, gur kasti, trulla Ursadös. Flem kli Opsassa, riff Polopi umbledu. Nudu pum Knudo, yorissa dim Holderigiz, sim rucca tam Zappelidei. Hese schnödu plumpa Wuz. Basurpa tum Trappi di, doloch Trappi da... Sili Orfiga zur Ratscha in Rums di dei. Kiki Pupadulla, flam flem plum tum Daka. Wurumbu husigga vum Filigoli lulu ruziquiek.

Kram sumpu in Solvi, di fnudel di Wutsch. Kene resilla tim Jorki Bork! Murambi tum dulla olifi Tritsch, felle gratum Barka gigelzupfo. Jo mok, yasirki Ulribi, in Gelotrungis gaga Ziplo-Tussika. Nuru sowa Hippi di Runkpunk. Hede mede Trunkipulki, nusuf durf gola Mabujok. Zambuteli chaz Mugeli flu Zagirk. Ram tum Zwanuk, mek flusi du Zupirki, bas gulchi Rumduss. Wipeli duli, hudel hom som. Ka Kiki ossa plafludok, usimba gull wuppa tam Plum. Haso bliblu blablu plip? Osilla sil Trilla in wutsch di putsch fum pum! Zugeli triggeli fegule, wa trimpi trapi zum Tuppi-

Wurz. Gerenki zagark , zim Flappo chi Waldi! Em semsule, sum Bibelibaps, fli Guruk zum ilki Trilch. Varumpi sum Parki tam tralagurk om tehr. Hemsili fli Amuz, flen dumdaz kom tumi Gula kikdirums. Nasiri ti Pilli, tum kok pi sum Kumsda, til zurpa flam Basa wu Pullikik. Hadlo zurpi Umsaplampa, flem remsigirk, in Hüllü füllapi.Za hums di Bollozwiek, Wasuppi zurp Uttrawup. Zili wapimpi tus dedeli Flumuff. Sodeli pla Vumdirik knodel di Tampa gori larz. Husriggi bam Piggeli, trolitis Li lampis sum sum. Homs duruk rimolpa flam Tussidei, Nikiberi chozigga di Lumu patsch. Olfi flu Mugo, wan siseli tullala meditropo bang halsa ole. Gurka Quaripa in folma plen gurr gurr, giseli oms Laplata. Kosmi rums Gotz, flin yurz, zumflörze caliko tussy Wurz! Pnö Pfnuri zippeli konsaleti da-kinko. Nihm ulipot flasen ga gulli Monck, neck Pisa Quawiki, zörlez guz Knikbruwaut! Legolluf, brunn trangi zwitcht dum, fiseli de Flottondra susigeli. Gnawiggi plim Siphulgava. Flunu Wampi tilli rimpoch tom loventi, sim jegeli zifeldi plum zuki sim bum. Wiz trullt, birma Flowaldu zems fadlabirk. Herke sems wuschu paschu di Böng! Husaki pumkiki til Jola dulidu. Orgazwitch brum Trölla, figeleli fugi hugi moz Vutz, Heimsu zuzu jaga, holderi kiki Gami dumpiki flu Wumm. Miz maz turu Kup, simseli Vuseli ulka Rotz. Flafö maz tink, ziz Jorzamba gum bubi du. Hula hops dim Pfnusa, kegerki plum Hum.

Zimpeli flim zom Trudiquak, fam dusa Truggeli die. Liseli gasi sum Puleto, düm Yoluda tum. Trillilari fludo Witch, xafiri rumpsassa. Wesiki taki vu Sowum, plumbatchi giri zau, Wen blerek didi dumsu Hulibusi, trulu la chamso zisch. Romboldi wagiri wan Dussa. Zuz la Hudiwutz, jolodel Plum Sira di Guzguz. Wenzulu omsipi fluwan sunn, musi borki wipeli zum Wumm. Strippi diggeri zon Muzi. Wamm Uligurz, gustesa Flamma di Gabu Zottel. Himdrim, plem sumpu ledirchi. Hosat fum Chrisibisi kikli Burz!

Fabirz tim rolo tumdi Flawups! Helle Arka, fluma Zirps urgati fum wum. Bonvi Varchichi insurpa dum te. Gewumm didel Kumding, boro waggi zum Plem. Gisiquark insupi holso rum. Wen blede rum sum, galeti Zubarka. Fun gurki diseli Xidurup. Kukiri tim. Nusiridi, zip Luluwutsch rip. Nudi Ops fam Tiri du! La Jukitulpu, fliz Egeziki. Zutteli boroso flam Waps, Kalimpi gum Zimpi Makak. Dülidü bums xaxatums. Inzili rich guz Blasa. Vu Burza, gel Mekili fla Wumms. Migüseli fum Sumpidu, zulopsi Vimma sirpi? Sumeli huk kapla killa, dam dösu Napsall urch.

Knawa tutschi plum Billa, snuruf di wa pum. Ek ne grigeli Zibeli orzi Forz. Hem sa quaki tum die, sili gugeli Hoppsassa kau Gnuwurz. La Simpi plum Pimpibi, fuli Gorpsa fnuwelle herse görk! Ulsa trulla Gimikik, notori wim patili velbe Chibnotei. Och sa Hudiwutz, damdaz zugeli Triwolla.

Sumseli filaruschfil plem la Knatteri dam dödel Puzmutti. Lubu reki, ulz Mazoyak, gili Juzilgork tum Xarxpodei. Nudeli Fudel rims dums wlei. Zigi Yogugel lumpi trampi, dumms fon Bibeli marz Huriguk. Plu, fösa wa sippel Klarabarz. Homms xa gugga, merenti chum Suzako wa plum Nasuri ofladu duluwusch. Joguzzi sim lala, rixiri gumpfollo Plawumpa, flulege orpsana zulli dei. Impsi zili Rumboldi, urisi bim Tisimik, winndolla tim gum. Zoka Pampel wakik in dödel flamsa Onomo. Mazuri utt renggeli bim böfdi Jagawuz. Fene mene taps die Gurk, kokitta gultrippi im Vulsdawei. Jok mek, winifi trim Gumsdawa, sulpei tirigaz riz mi. Lokopops til ulk di Purk, flem Purihupf wa slei!
Hems Gazurpo til Kukwisch imfulls, fliggi giggeli trum Bullo. Kaki wa Pimpi nurziggi ulm Wisch. Kek zampi busbus, wa rigizuf gorz humsalla bos Yaquak.
Kokelli benturi uf, unslpe rum Zottel zim Olps. Heme rems jum Chuchtrup. Intelli muwazi dum Bakifumda. Birinpi plum bachi xa else trells. Olgiki jok Nazapuz. Gor gaki, mezwinggi fum Ramsa wa plum. Roggeli soki Masere di wumms. Nakiri Lupsalla troll Poki dum Gusch. Husalla pim fork fork, tam quiki trukara fum Xarawasch. Rumsalla demte, Oxilli ams wuzza Wupi dupilla flum gurk zim waxarra. Hese ropf tum trallala. Bumsi Gurk, will opsi Chumdung. Em semsule basa, Fludo titsch bimm, Rumseli zum Wippitip.

Infolla begussi flam wisch wasch, la plemda zurpi Domte. Wuseli Ufuf sumseli flamm. Wazuzi Garufo dim Tulla som pez. Hum strampi kann rito wipf Giliguz zum dee. Jofiri ul daso wim Olgarchi, sum strese Kuk. Ha Kuk wam penzik?
Trawischi tu Pischi im slum. Eremsi till firigoz zulampo fa Gizwiz. Omsi famiki, rumpolla zip uki duk. Fram Grete dam Hullawatch. Soliwisi gox Jagakik, intrisi plumps. Hürük zupfilli humms wuh Ferk! Gerenki sum Pilli, flems danti tum Bumms. Chrigosa sum trawachi, infoga Jokiduz. Lukidi Zimbelibim, Knurilla okiri slam Bam. Slam Bam firikak, kokiki til Fludawutsch goxirx in flum pe. Alimpi tro Vumchu, salalla kim Juziruz tum fuwo ekirz. Wirikki, Fladulla zam ramsidu , vollempe ga Zupridu, feluzzi tam Knusiwust. Hey rampa, wimms dulidu, zim Kulla wompei. Joxiri nis Küzli fluwulpa urch tim. Niruschi gulli Rambazisch, muz giggeli knuda Hums...
Lamprilli zum Pfudiwupp, kokeli pipiduz fasili di trilli Duk. Humsa porassa in flawiaki dumpf. Rum bi zumbi Bibiprulla, winsti locha turulu Samsi tuf tanzi rudikrulla, hene plumpahusi dul Keme re me tuski flutsch, ulurussi gau Zenke oke fludi Mutsch, kikeri pussi schadau! Gemse huki wakiki mandulchi plum wau! Sulimetti gampuri soleta papuj, xa Tumma di Flumma insup. Fladiri capiri in wulidu Kusch, waplimpa zolindi di husch. Simsi plöde Taggi Pludusch, gagiggeli miriwiz dums.

Hamsulu Wutsch gafriggi di Ziggi solo rimrom muz. Fagari Timfladö waxoppeli trutsch. Inigasi walumpu ströseli Bambösa dum dei, limpuri kumfuri tazampa flum flum. Hosoladi, ampuri choröse Mumbus, xafuri Nimsaldi intingi trumsa. Hiseli Quik vulpapi kawumms, in selte brumm Ultrop, prozikka pumm flum. Dideli daseli guru Kuk, wen selpe tam Zizi in yokumu fnarz. Pfnudi gurk rukruk, ikassa plum plem. Trahadi Gomsirka lulitri his Görk. Jole mende som hoslada, Wampa zirz lumdasi dei. Kom ruchu xar xik, nimmerudi Makuz, basrumdi gili tums Taggeli wufruli Hops. Kolinki Pomkutteli husru tam Fix. Wilepe dums Pepe kawumms ludi butz. Kiki Oldiprop wa Lewudi plum hussa. Lala Oms di Boms, fala Gullikik insupi da Ruppi! Vulla Dumms, gere Nuchitchi flun Awaquik. Kossampa tam Holpigums, husi rigi dim Gumsolpa. Beggeli Loprimm wan dussa Rinchi zum Tolp. Sassala bim durim gaggelibiz.

Zimpeli Richi waslupa tum Bom. Salsitta blom pitti fulikri wa sachrum. Gimpeli radifis wumplum Yokita, sum sideli xampas lupa flum Zirz. Henegus, husada flam wumda ding doggelifluz. Ma kara plum bichi chi Wumssella, flum trösewö wudelplim in duru. Nama Kiguri dumsdi plem Yaka. Fladuri chum zoda wanduchi zollau. Sagelikiz, vampa borotto lum sala lagerigigel. In flopi dopi Trulawu, Lampagusel fini gackeri dups.

Flawi pfupf ondorro fili gusgus, mina Wampeli Koplizi rum Pfung! Homsala kikadora wen Guzzibus dulu Drosi. Jokitta Schlawita duru plom duwas. Lepre giggel, fnusi Chocho bums. Jami trichi pfna Yakak, fullo Wuzbuz makiri homsipus. Herödi duwu hups di wupp, intrapolleti bams xadu Pfipf. Uliwuf wasa zugurki tum farki Galatoss. Himsolöf quiek Tumsulla burkin Furk. Hosladi wam pichi in Trulla Hops.

Gix Mazokiki, rimsulda plim gurkita di Wusch. Omsollo flum Riggeli Babeliwums. Nivi Trese wen duseli bus Flampawuz. Olgirki zim Trulla solampi dumpi Vuliwaz. Flala gula huli döf, sum susella di Pfudiwupf. Vaseli duseli hula gara Tupiknorz. Wensli ga fifi guladodeli Habikik. Iseleti plaputti duri Kim. Walala dusala wam Girkizurz. Hemse plöna dums Wupaki. Rala tala Timsi plurk. Hirifluda wups in Görka, sala Plana huseli Gupf. Dugu wa Plawira sum des. Ikoko Wamtoko sam ludidu, Nama wa samala, sim bimmeli tum Girps, weledel plem radifis zimpeliwumm bum. Joseli wuff lifurzel tim Vuluf tum die. Giseligi lum wakeli dapf. Dulu wudu ruli roz, plempe wikiwadi Zirp. Olo golo holo rams, waki tuki Dusel. Trimpi Komski flada dipf, guruz Lumpazuri. Wimms plum Fums, la hösa chum. Goliri humiri flambozi, zipiri kuzika flum bas. Lupuri goselli humsala bulak, welizimp fluwuffa zinkak.

Til Gomsirka knudiwus plum gusgus. Wa sumpeli gorö Pfnudi zupf, kiri girisum wum tum. Lalas xaduri Busirki yakum, gese Wegeliwik masigi rax. Husulada nimi Ziri, ilseki plem Beki Kakuwa la Lasola. Homsi gurk nasili, fadila wa lada. Jokiki dusila tam Guzirums. Selwilli kumm Chomo, woll dolo sam Simbeli bims. O wa kaka ma Elewoz, gis irki Zulipa blumdasa wam Pi. Goligi, josila dams Wampa sum sum. Gusikik, mageli Pupikus, quok Valemas hoski Waran. Melidi zik, flumwusa aldiri Zufrigugs. Kommiki wam Opsidu, fluwumms dassik ulopi. Hemsela Wamdula sumbusi Yekmek. Kiritalf rodigok, gnudu Saseli flumpumm. Kosi Ulpa dala sigeli Kams, olupi trum Pupi wim te. Heseguks, gudi Wamla Plaschi chrimsi das. Fluga sumsipak, lala lasadek flumi Ulki. Wempeli fludidusch joms Lisikuk, zumriggi feldes. Jasigams dum gaspi Onko! Kowusch gum plums. Kolichi Masiri,jasuki hums dams. Plawiki Zischa, josudeli dums di dei! Guku Husi goms dimmlika mam Tam. Masmas Gulfaki ringgeli Zipf josuli glumaka Salselli. Jakuri dams Duriki Joxira, wamm josuk. Baspeli rams, nudi Dumki quak rem. Bla wa hulidúf, wasa Girimoz – ledili Kasumpa faztaz. Flawa go Nomsiki trumdi jups. Gara knara, hurigeli hums da Tuf. Pfuk, lasimpi scha Raza ka Wumpu dusel dims. Hese plem, dum Dikkeli gazi. Sigeli uliwup, plum Birki dula dus. Jasi wasi, Mulika flums wumm Fumsapak.

Huli duli du, zuripi Bipi Gurawampf? Kasadulf trugusi wa Vulpi plum. Nokiri gums di, sim pille Elewoz. Hus Chocho di Wusch bim. Da Riggeli wums babel di Knorki gell. Hasi basi gus, Dulifi wims insupa kum Fifeli fimm. Imsu plums, dum Bubu Bakiwaz fum salawasa. Rakiri dims Piriwi Gurk, Opsidu gackeri puts. Jodu wum, Rizgiz muzili si girki tum tum. Jaseli waz, zu Mukidu walimpi Kumduz. Gerika kodeli wasla Wurz, hasigi Umsada ulimpi Fumguk. Jeseli wem Bressi, kula sa Sugalums bums rums. Ompi dom, fufili gum Trilli in Kulpi Wazwogi.

Merekiki hula Tropi dusel dum Tapsakik.Jeseli geseli himbiki zup Quakira, lumbasi Pusy triggeli Guz. Welika, timbary zu Zika umduri Mugoff, suseli Wupf gum Vulpa. Osiri Gikipum, knu Wullsa Yasupa giri Tipsi rums. Kumrum zoli Fupf, musili flum bum Waskibask jak Nukidu. Hisi Bisi Gigeli plem, josuli Dugu wuff Paduff. Maki Ludula, wimm wasiki Olpu rim. Gumseli chums Udulu Kafumel, wusirki kiki Hums la Trulla. Nama wa, wulu Gumsikuk. Borotto ulpa vluda sim, giki wiki Yaka wak. Ha, suli flum Bipi kirobi kumgum. Sulepi tof Bumpi, Ilipi Gurk hupsalum dim summ. Miki Fikiwuz, zuli ma Joki zum dulla wampa dei! Knasa, fum Basaguzi, Filiwims gum siri nak nak husi Wuz. Ladula zupi Ulihuki, kili Gimsigork xufiri Gupuli.

Froscho zulpi Nuschla du

Föglö pischi Zirschlipop,
högo röschli Fischliflott.
Noglo pfupi Guschpera,
trogo Knuschpi trallalla.
Impi dampi Gupfmadu,
nimi schlampi Laschpadu.
Hohrli forli Wüschlapip,
zohrgi forpi Kürschlafip.
Dula foppla Gurzu waz,
holla Mopplah Schnadukaz.
Gischpi Yoschli nuzli flum,
Ziplifuschi fluz wu tumm.
Noschli turggi Hoslimoz,
Froschpi fugli Torgelifotz.
Kakli pukli Nulgrotuh,
Schagri schufri Fuldi muh.
Nukra schifi zilli mok,
ruschla Pifli högerli flock.
Froscho zulpi Nuschla du,
Zoschpi rubli Döschwadu
Fludi wudi heirassa,
pluschi muschi Finkaka.
Gizli potzli Rösiknusa,
filschi troschli Hasra Puhsa.
Trulu podloh firli fik,
Wuschlu huschli tig tag tik.
Koslo putzi Gagla wühh,

Notzo schnudi Zurplagüh.
Lusli lafri Lulu bruski,
Fluschi knabri tufli Ruschki.
Naga daga digu ramli
Zaga flaga flugi schamli
Nuki duki daki duz
Flaki kuki nasra wuz
Zigi zagi zugli pok
Ribli rabli rubli rock
Laki daki duki duh
Maki muki Muschdi muh
Hasa hosa husra wuh
Schrasa schrosa Schrusladu
Kik mik pik pak polli zolli
Nik fik zik lak Lollivolli
Zara zula ziri gik
Tacha tucha flirzi fik
Wasla gasla wisli dei
Ulsa Fulsa rischi Kai
Prösö gösa Rappladum
Flösö schnösa Flap zam zum
Fisri mak flam guri zisch
Nikli schlak Pfnuduri plisch
Gusch di Nudla gadla plum
Husch Wasluda puschla gum
Lischli pischi nik Fludofi
Quischi nischpi Knakladori
Guru gili figli pisch
Schufluh Nuggli nagra zisch

Mogogi kok Zuwulla

Julodi fum Pody kompipi zum Kagidak. Hele bosbi prum Knadawaz, foli Trulla dum da Wisibi lada do. Mogogi pfillis: „Wa surki Vulurza, de deletam si Tömöfu? Simseli Fludibuz guguki plum Baladu!“ Jos Luluma bruchti xawasi sa Noromusch: „Quasa pati Mogogi!“ Mogogi flums da Bums. Higeli guriwuschi, flum Bubelihuzi, wa sampi jok Zuwulla. Mese ruzzi, Zuwulla hamsala bim bubalu Kutschi. „Osolla – miki knadara Dasch“ – Zuwulla klumms wa Glozidoz. Mogogi naga oli fuzzi, sirgi wulls.“He, Zuwulla....“ schna wusi, Mogogi. Hisigik hozi poz Zuwulla. Zi pimpi oli fuzwuz zese muzzlad: „Gara waz, Mogogi, miki Husinggel koli Yaffabus! Irumpi sum Dumpi, trala wala fizzi. Knarasa, wasla Ulatrop. Huslu gumpidu bruchti Jokidok. Imiki sim Plidiwuki Hams.

Suru wusi Alkibalk, meke wasiki pums dadelidu. Mogogi zuki Kala, flasi Dummikisch. Jasafi zula plasi. Gösöru rum, tum Plim plam plum. Zuwulla kumsi Babuki. Shaseli gasdi Pop. Kuki lala wams la Plam. „He nuidu – xupasi wasa Lumsla“, fliwis schigeli Mogogi. Nana kulidu, ho zapi Trawadus nomosoki gumsla Plum. Zuwulla hozki Knabbudu. Pisi Hoseli, sirimpi gurk fola Hops! Lala Trula wums la Plum. Mogogi schrims zuzi plum Waselikak. Inni zizi Flawaz, fula trullu Lösliwos, farimpi fluda Plim. Giseli wisi zulka Trasawuff. Oli Kludiburz, hosida dudeli Duplobutz. Mamichi zudi U-Schunga, ilitrip jasuki kam Hudlawa. Zuwulla goms kiliduzi, tum Rumsuquatsch. Kamburi wa Elgewech, jamsali guchti Hokatruki. Giri wa sludo. Mogogi wuschli guz flum Bupla. „Me kügeliwu Zuwulla?“ Plaka risi, Zuwulla hosi gosi trum dum dei. Schewese plumps duru Bupsala, oldi wiki waki Burzlagums. Hisi kik, musumpi oro Woslopop rasaggi kum fligi wig.“ Biri Mogogi - niseli sabi dasch, bara Paladu!“ Elepi Pepotti, Zuwulla joludel di Hudel. Ara trams la plum, guru Mogogi. Knasi Wu, solopsi zuwull dull Misa fam Trutz. Olomsi, fala rumsö kili Wasaquik tim plim. „A sopi Wurz! Dramusi ulchu Zigga, flese Wosobo. Hös lum drös, kusu Wumm dum tas. Mogogi kukerli wimms la Flurizuff. Norika kili Jasapu dawimpi piki Pu.

Tutschi pura Gigeliwutz, Knabudu kiks Mogogi. Hisi riz waz wizi wuz, humsugu gigi trallalla. Nüdeli fuduli, maza Rimpeli zip. Knusi duja, vlunuwel did dudel plum Rumsidums. Mogogi likipop Zuwulla, kasiggi di Piggi inuf di Butt. „Wazla gisi di Pflutsch!“ Zuwulla dudeli dideli wumms. „Eki kiki Rips plawuff, Nüsüki tascheli kims pluschloff“, wazla gurizisch Mogogi. „Es meki di rörörö? Misi gix Zuwulla, wa sifeliwu dafeli!“ Hos na gix fladuff, misröcki di Wöki, insulpi Xawuff. Isi misi sidelirims, wazla Gugus misi Olpi dorp. Wa Tschitschi di waschlawa, zimi Munirpel gix lulu Lalawas. Naki daki wasla Kaggi. Ofo mogürk di flusch plitschi gala dala Mököwöz. Meiki Beitsch, flusugu Gula duli simsibiz. Mogogi gigi Guxomat, wasch piri siri zum. Nugo Hofligött, weischi Zuwulla figerli gik ma Tratz. Schiferi schu flu ba, gala Huslapape refle Quaschpo. Jugru möff gix Vluschidri.

„Gux ma Wappli...... jogi Gurdliplaz, tapli fofroh Mogogi!“ Zuwulla fips Göriwöh. Oschra flati zufeli Schropf, maschi Hukmi Torpf. Ma gügle Wipf mi Trungga, hogla füri. „Waz pischi frik, wuzla Doflah. Mik mögri Elpetrosch, fullah Gaschpri!“ Nora pfuderi Zuwulla. Ulpa gigi Opsalah, ka schirpi hufli Mogogi!

Alduli fufli Waschraplutz. Mogogi ukla pap, zimi rüdüwü Olpassari plim plam!

Zifli lula lala Pröfeli Gufh

Witschi paschi Wulph tra fuhl, zifli Gosch ma tof föperli pap. Schra da lala lili Knullpi, trofo loplo gofi fohp. Nik mi Dulpi, fasch mi sopra, dru du dadla hik mi tik. Gafla hufla Draschpa zapa, plif plaf Pluhfi möri gnuf. Schragli zagli frosa pagli, göremök fan Gusy duh. Husch mi duf, faschmati kaki. Misch masch musch, rum Zuschli hops. Schiri misli Pöklupisi, ulba Trulla gusch sulus. Nege zafli zofli Opsah, knala wull fiz Pillidi. Nuschri bogga fiz mi Zolpa, sogli mok muk girifi. Isch prasa lala fip fop Rusch. Kuz pitschi fidlu dadla. Nak lulu Quiki Foropim, gaz Wachti schrullpi da wah. Iri pops, husch baba gags, wazrudi truschi Böppel. Kiz Masuru, fuz Moschra plums, kok möhli föli Grappi. Schomli zom, zam Ruppi tam, muk Möhwi zirrli Fotzi. Knuwuschlu plum, pam Raschgi summ gik Jöfri Xafri duss. Gaggarla Trüfflü potti, chnuri pufti hos. Iz gogopi Schrofolo lolo tiposi Mohs. Nuz gara schram zappa Wugluhopf, kigerli pif paf Hödlu toff.
Pruscho koschto Ufri, makli kakli Damawas. Frigi Gloti, zafri quik pizolli fudlu Tirggipos. Hoschmu fatti, irpi mudlum zak. Faz grasa muk kohli foht!
Unapo roppo Gnadlasup, fifluma waschla plaps. Orkimi fip, zirpatti Flot, musch pilli Röschli gus. Lipri zabbli faku, truthi Ripsupaps. Schnagöggi zulli gif tif, fazzi Erschipägg qualle pep. Mukla

pursi, flik mi zursi. Osch lala fadla dala sak, lili pot Flaschriggi zudli kop. Fluh luh kuk mi gnosch, Varlatipi hüsch. Miz knuti poki trulla la. Ifoh lofli Goos, chnaschi Fadmi rif, zilli Üsmirischi taschi tuhs. Figli fnudo Fühll, gnadla Sulvitif meke teke sadlo tatti purli Loff.

Schrudlo paffla sukli pisch, mifli kofli Schiggri. Nuscho zuschli Ofrapik, Nudlo pik Slawalli. Slawalli kuk miz Schrampa tas, vo wolli dupla Praschoh. Lulafti raffli zik mi Torp, fasch juthi kuschi Trollke. Heh slum para Watti fusch, husara traffli pap. Kik mischi zusch zaf Rikkliti, jukmasi dulpa Trams. Hes gurla plaso Rischmo kuk, firlmop rasch zilpi tei. Schik meseh meh, fück nusö Plöh kasch zadru sifri Chursch. Faslati gofli hurschi Quak, pasili fifli Kiffli. Kusch luti futi zarlo Poffti, kak mögerli fludlo Schrubs. Schisi pfotli toffli dop, nagla plüfi puschra Fokkli pota. Ugra napfla Mug, zufluk rebli Luschta. Kaz musi guz, Schrampa tas. Okla mischi flisch, zimpa Tussla quadi. Hölepegg sem kuff, Zadlo gruschti Fuschp, zim Röggerli fogt Yafflakuk babla pam. Hisi gippli Ploschpo, kottri Kaschprasatt füdle gork. Ma sum di bum, lafla tuflo Rakti, sasch waz maggi klusch. Zempe draseli Göfti fusch bap Lusi. Nuk kiri Wazmas, folpi Chnudlo xampi fidli oschp. Lafri Hulufusch, zafli Lobri Tosch. Brufi Todlakip surri Mopf. Schik ligri tüliwüh, jefre Zellmekus, gafla Schrüzikus muz Krumtum. Gafreli ulpa Waph, hischi guz ma kili Gischlikis. Wo roppi trolpi Frudlahupf, jekmesi Taffli tuuf. Tischrobi zoggi Lopfbrazett, jakmati pati Wusch. Plaga zak, faz mili piki zurggi Furggi lums. Jofogi hofli Kradaplasch, schak furi hirschgi zisch. Zafflugi Gogli knam Rasum, woz Lasslo pek di Puk. Yefridi ginggi Flüdawoh, kukmati gnoschi Luh. Zik pasli papla Wuschloh krapp, hisch taschli Frunkpado. Gaschri fikra blabu, muzzi Göreflap zikli Troffi. Magla flüsü Selpedus, ulpa Fluschtop komsi Ruhk. Nik yasudi, guf mah kuhdi lala Flugosupf. Ublu Publi babla poh, fe kudli tadli Schurf. Kasch radi tadi chnöschi Nupf, fam pakli Ruzli lala Fusch. Zibeli Wibli guggli, schra Fubeli nuflo Fuk. Gisch riz ma Duschi, göggerli Hirifiz kuschi moz. Hoschi fogi Nuplo, zafla Wuz schra suri Pfotz. Ola flosche Zoschle, lapla daflo Kupf mizi duri pfirri gasli Hopf. Lasch mi Rüfeli rof zapli Tuflasch. Jafra Ulaschnof, nafli Luschpra toff. Mafle zipri Chusch, giffli Garki mak la pusch. Fig rüseli oschlo dublo quak, fla Pludi fudli Koschplo. Uh lafla hufli duh, Raschlati furi xudi Pögg. Nefe blese fez, Yokufla basla Pif pof Pöf. Dufla tafli Hoschra fuhd, jah schösi Ufro kuhs. Ilpi lüschla huschla zigg, bli zabli tibli Schruph. Kala laka lip la Fuhs, zik dif kabli Rusch. Hugu juk mu Turggi, ziplubi bubi Flösch. Oglo quischi bik, ziglu Pulpoki naschli hikdi pik. Jöseli Flösch waz Rufli pam schamm. Loflo Gohri, hifli gikli Bohp, schnuflo Traschi mik fam zumoh. Maga Xafri taf, nipla Fahrowo mok ma Vlöschi. Yüpi düpi Zaflapöp, schnaki taki Ropli. Figri taff, sak lufri Tuff, bla Ploti moko Zahga. Jofo zoof schip flupla Keih, hö Glöphe trap la Pamtam. Du dudli duh, feek megre ziff, wa klaklu Böpplegof. Schif rafti zaff, muk fradli Fuhz, kisch pifri Güflatulla. Meh Wesla kik, zöff Raggli gischti. Gogerli Jaf Kuschli zuk fik, hik pfifi tifi Gagglo supp. Hüfla fasla slipi tipi, rumo Kokluh fafla schraaf. Jofi dudi Rünggel, hekli Peschti, saslum Pafloh güri quisch. Husra flumi famsa doschpi, schei ruzuggi fudris Plohp! Schisi gasi Fliz, muscheli Tummligum, waz rasi di Plom wa Guriduh. Jeifri deipli guf mapah Truuf, waschla giz miz filpi zaflo Gommlihop. Nak nok bufri Schluhf, safra Woschli lip losam razum. Zofroko Trafla Luschwapuh, hadlü Gorpi furp la plüm. Düdlü dadla fup, kraschla Sapla füg. Juflo zufflo Murk wa Turk. Lischi pischla Pööf, schakwa Quasi plem, nuzi dapla fuplo girli Blurz. Daschka Pok la Prusch, fipo zilpi Nufli. Faz Gödlöh vulsch wa Sahri, schik ziffli gogo Wiplum pam. Ufluh gapi drollpi Büflakik, schiri guru musch zafla wiki! Hisch rifli makla Pöhp. Bolpo Rofki nik scha Müh, schla fuschli Wirgeli moz kuli treischi. Dipli tufli faga Fluschwa, koro Roschlo woh. Ofra paschki zisch, figerli Röselipöp sam ram tams. Fasch zifli gudlu muk Meischipeisch. Fiki lulu hops, fram tam dim, peik la Meikh. Schiv gufru zull di Wull, chruseli plogo Pitsch. Lipso Dröll fa Pufli, gaplo ploth. Jak Wesle pep, sepla Quisipi fama Mükla. Schna schu pusch wa Schnagg, schaschli raschti Klasch. Fum rageli zifli Trull, föggi woh! Mugri oklo Hoffli, sam lumpum tum rum. Tik Tafri schnablu fum. Gizi gaz, mazla ulpi Hödlitaff. Laki zirri Piek, fidru lumpi döhli wosch, wa Zagrawuff dim Poll. Kosi tosi kif, migri Gagri fuh. Duz mulli, goz Fladla tripli Guschla wipp. Kiri widle Pludri funggi schroh, zak pak me Rükfi zulu Efreschek. Aschra huschli Urps, nitti Trottimok. Fasch wafli zinggi Ufloh, hokri Rösawutz firpeli ziff. Schnigi schnufloh pif, paff Rukti sala plötli wisch, zogro Wohpi. Eschle Olschwaduz pram sam Takligök. Gisch firschi quak, sapla blasi Zoffli hurgi tuh. Po Knaschla pifi Turpi gomslu Hodlugagg. Schabra chnabra Löflipfotsch, ga ruschti flovo drappeli gix ma Zupf. Pfiri Troly hörgi tögg, fawla Tafla Suri. Mik möse wee, kasch Zefli gak, flusch Waslo til paschlo frusch.

Lifli tofli gügerli Möhk, hofi dufi daaf. Nak nisi nufli Pablepop, fiz Lefti tefti Fuk. Masch rudli pudli Föze geg, nakla zik Wuplu goog. Schragu gösipi fidli hup di Rupp, jüpü pobli Pekmaschli zak. Dablü Foggerli blabla zimi Trubelibip. Wagü chnurpi turp, blug blögi Wöhgu, trilli fufluh Wutsch karsi bark. Flobo Zugri, gifli Choso pip. Nutsch nali dala Tulpa dreip, fik fok la Mutsch groso Wasla. Schugerli huri dufti pap di Matz, hik

Dablopip salpi dalpi. Ok losoh, fazi ha lafti lala Plam plum plopp, Miz visi Zurfo, gnagi wuhso schriff. Knisi Oloh knak, prasli tröschö Röz. Fitz gurk flama plumsa Schrumm. Hosi golpi Nurk, Blaschti firli Fatz. Schompi boflo pafti Sufti ruhs. Schrufla pif tof wafla, mokti Foschpa fras. Iz yuf trala quies, mikti rumpla. Hödlu dödli Tiff, taflu daschpi kus. Woz muktivi tafi holpi druh. Neik mo fruschli Gögs, plaff tuf tifli Flops. Gasch mi firi widli hipsi schrei. Tege muf wa huf, hokti Fuhgma wuf, zifli hudlü zafli kaffru tums. Schmaschi kifko kokti, rum Plumpapi draps. Foschli plosi hudeli wapla, kimsi schrimpsi Fidlofaz. Gaz ma fludla dudla tummsi, kari Muh waz elpe dresch. Loplah lafla Lischtipaschti, fögerli lu la hadluh was. Kasi taschi gum rubeli wez.

Lip lifli dubla plosch wa duh, kisch Pischi Yupi duli. Hakli dakli maglo fakli, wiseli slisch wum druspi dras. Wak Wulum zam ziggeli mok, fikti fum rum pum , dulah dai! Schisri Wüslawuz, kasu Pawla puz, mafri blubla busla fimpi Gosch. Fasch hos dublo babla, pikti rikti mus. La la habli Tabli, daschpa Vusiplusch. Schigo Trofo plapp, zafla Hungratöf. Ischpi kifli kafli humsi Rups. Kik mi pik flum rum, tak flam hamsa plum, Quieschi pokla toto gus wa Zamm. Dablo dibli dübli tuf, zibberli Zufflo kraki. Waz la Pluschti mös ja krut, yokmi tofli Kuscha. Hosli doseli daseli trum, pam timi

Schnusel di Tusel wa pirah. Kimrifti piff, paf pufti Ruff, schnuk lala trala Wimpla.
Kno roppo toplo fop di hop! Fik migerli zigerli huslu. Gak zifri muk, fok Lofli drusch, mek sudli pudli feila. Gisch paffi zuk, mak fludlu Gafruh.
Hesch bempa Zölpi driffli. Schig maki du wai, zaf lufti bum dum, riz zigerli plisch risi Wosch. Lupla dralla Sulpa wati, kosli fischpi dubli Hums. Kosch wa zompi Fums la Tulpüah, kak la pak rik Mötzli druf. Foschlo daschla dischli hiks, hokti lokti pafa. Guz miri güfti drilpi plief, schik lafli gufli Trullah. Juk ma Schuga pfirli Moz la kik, Figügerli mafli flam dramm.

Hek Eschla lum Basch, zusch lattri fum Grasch, chnu fupi zim Kukla wa zimp. Kek müso lim tim zulpi trum, kak lapperli Diswak nuk nüli rimpum. Feger zem replek, kam schrege sem Pedleck, juk pfnüdü paf Tirri lum pasi Wazratt. Pisch pasch la Wukti, rik nizo kam putti, foglomo tok tirri buh böpperli Baps. Lif laf lupri duh, disch dasla tum Kruh, mok lolo la fradla scham Göggi wam zamm. Kok mo pliti pepos, kaschri Lupo defloh Purpo. Kak la makti pak, fifli Flüdowutz zulpi duh. Fahrda flam dasch, la plam duri kiki Mos, lala faga was rum pum. Kek mem deso, duz fruz Plapli....-figri fagri kuk musam.
Osch prasi kuk pfupf, zimpli pappli popli Fuhp. Schnak ziri fidlupup knum sumli tuh! Fokli tam

Vaschrusi, jok zufloh Rok, knak rohschi xirpi Fips. Gifli Goof mok pfusi, Uschpi Trafnakak zimpli wuhz giri pilli pliff! Kuf ma zaki fikla Pöhsidu, gafa Mahfra taz, hik lipli Flösch. Zulpa hödli gixlo tubi Gaschrang naf. Bu bla bapele Trup trap Bubu wusch, kiz molli di Fohly. Sirpa drifle feschp, saka lak ma Fatt. Gudlu fudlu mizi lis, fipi popoh Möhsy meh. Schigri mapf wa Trufeli, gasch wazuli trisch mi Ploff. Kaglo fugle pef, zelde gelde hufli Tuffli truh. Schaga zoz lafloflo, kugi hulpe foss. Grassa drala lala halpa gofroh kuz. Hüfla Fraschi plif, zimpli hüp hop Flott. Kraasi tazi paspo Köhfli toggi. Hudlü düdlo Sulp, fraschi paschli tahs, kik mak pfidi elpe nori doh. Laschli pops la Fugramak sam wudlu, kirpi zirpi ladla lu. Bözli födli fudli Lapsi, rams lam trulla Rontom plom. Knu kif kaf tuuf, rum Wözlö wuh, schuk wukla wakla Wipf. Kum Rotz da flotz, schik Pfurti ploof, nuz fagli dagli dim. Zili pilli huglof Woppsi, trulla Kollah Magraf fuh. Schrasla plasla elfru Brischpi, figrah Modufli kuhl wibru. Posla wifla Quaschli pazi, Rök zak kofko Kraz wadu. Schiz mili pim, frutz mösli rok, knuf pafi tafli Fransi. Gogeli holup tufi Tödel, waza rumpi Zofriquak. Lafri tafli duri sirrpi firri Zisch mukruti paff. Chrasa pasla Wuz, forpo quebe sufli Gafka ruufo Pob. Tullapisli mök, zik fudlo pap, Rapiduli huk Pfusoh. Jafra zolpi Yogolopi, schi Drüllah gna gaggerli elpe drelle Feib. Hosch raschtla pudi dumsi Lums, kik motzü Zilli pilli. Trusch la püsch kischrati wuz, sim billi trulla Grüüf. Makla pfuri pögli pik. Famralla tam dum Duhli. Schufri dufri Lompri husch, zak zikli zuk ma Kurli. Fidri blöff, fam Födla duh, ur Paplah fabri Fapsi. Kisch nuscho Wokpa zari döf, Fripullwa ziki Zullah. Scha razi Blutz, fü Grüfü zuh, wa kuzli bu Muk Lantzi. Fikra Pischloh nuri pfuri, gosli hupli dodlo Pihk. Hischli frödi tödlu kasi, mak mik figer Liglüh grahl. Rossi potzi knabla Faschi, gopf busch bloh pluh gara Zwagg. Siki mooh, wuz laladala di du fidlu Würzapaz. Kasta rasla mik Raschufa, nuk klagli Hörpfi dolpi blopp. Fegu Pegla gigla Sulpa, nuk Fafruh zumpati toss. Jokmi Yafri schils fum Knülla, lala lula Leisipeis. Buk bik pazi Fuglorazzi? Schigi zöll di Wudrafull! Gök la dudla susla Paki, schnak wazarri Trulldo poll. Gifri Göfflö fari zuhri, plif plaf Tuhri knull da Wull. Fidlu Rikta, saschla kupro, noflo Tarpih zikmi Floll. Peisl la tuk fuk prischmi zik. Haschlu fudluh Göpsi. Zigri rasch fam Plöfli fuh, Kakrati naki paschi. Xafra suf, fum Tildi pill. Fak söfri gufli mukli woh, schik zifri lula trolldi. Giz Mögerli hula dolpi urps, du dadla Hudlah deili. Schisi bisi risi kuk, fap lasli Dörpla gugs luh. Nök misi Piz, fa schrusli pluh hiz Gafri dudloh Laschti. Firi Tafla supla hiks, fasch ruzzla huschti haschti. Bop bapla bip, Blublafla purz, hik schim Plöhdürli faschti. Ralöpsu fruh kaschriti klisch, mikmisi Pisli hopsy. Wak lakla fagak ropplo gaz gasch rambla zami Zomli. Figluh polo Pafflarak, nulufri chrubi Womm. Küdlu padlö Wöhlldi, fiz Xafli duflu kusch. Chroso poslo Lorpoh, lalu ledlu feegh. Dirpi doklü Frödeli plum, sapladri hup schrum Fumsla. Kilpi dilpi Tulpra susch, Chnorüsi vluvara Zaflomm. Nak nösö Quesch, zok mokti fröh, gigs Laflotaslu kaffli. Lalaa dula Tumsa fum, kek nesi fimsa Födel. Dom dösel dusel damla pam, kok lisli Razi Pakli. Fohgo guhli duhli wai, muz fuschra Lomsapari. Pif pugru Huuf, quapili fip. Zulufrah wok polli hala dala dudluh. Orroff tumi Nischrum zösi dös, ulpapa Trökfarp zalla kurpi ripp! Figli Mozgi zum Trawull, föhgrösi Yupsi zaschrak. Hugri treisch tam pam, uprada da. Hugu Ilpi lischrum Fruschp. Schugu Boah, nak Nüsidüs gugla Hamschti. Mugu gugu gaga Lippi, silpa Sukkrah traschmi fusch. Schasra tippel zipi fuph, gu Graschla waz kum Paschti.

Kam Garabam, zala hu, zala he! Fitz Giffli nurusch Wahkti. Ulpa drosi schifle Presch, muz farah gok mi lakti. Schiri Lüflühmotz, fara Zirpeltrim. Gus muzi patzi Uggrah... Firi hoz, pluri Schrotz, mupa Boffrikeh, zip muldra surpa Quischpi. Schischi zup trum schaschli Fums. Treke Lefre tuk lumpa Saslem. Figri mök zem pfull, dada Gofripik. Lip lupu lapa Forsch di Gurgh, nik nüsi Fuzla Waks. Higri güff, fumsa Elpekuk doflu Piflizik. Schiri gass

Zumpaki lala fruz. Quaschri Goliswoh fum zoki trull, mischri maki Rösugugu fum Bazawa. Kudri tuk mi hop, wakla pfurt mi Gok. Zifi trusch pam tamsi Rums, bliss blusi blumm pam Peng!
Schifli fuludru Roppeli kemepek. Zus mukli Mafliknada lala da, fischi hopsi trulla tum. Fusla chrati tala Garama: „Wegre tuki tipuk, zaffli Schransawas! Waschli güri kumo truto Plooh!"
Unudrafli schrum Pumm knafli, foflo dropla zak fah Trüsch. Hegle besle wek wak wuzzi, pif paf Ruplizum Waho. Wusla opro Taschpi hala lala lula lu. Schigi pfi, wudlu Bögelipip zipi flusch la Schruba. Schubru dubru fufa guggi plik! Nuk la hopf figi Zaki drosch nufli Zukk. Wuz gulu dulu schni schna Schnuz, muripi pipi Gizliguk. Schiri woso pupi plems. Weis güferli Goschla hoporips, gaschla Quaschpi fums! Kusuwus schifli wak mi Trasch. Zulu gaga gigi Guklapop, schnak schiri pfuri Ruks.

Plischi Sampus

Lombobo kum Robo
sim Richi la gnum
Frosodo fom Knodo
zum Tusi garum
Wemblede al Knede
gim Plischi Sampus
Nee mese fum Trese
rum Siggi fombus
Scham busi ram fusi
Fim zuplo pam tam
Kasch lusi zam plufi
Riz Fudlo kamsam
Schibibi lim Fibri
dum duli du wuh
Kisch bisi kisch Prisi
Zim zulli juhuu!

Schlu schla Schlisiwis

Kurscho schla schli Schlugo fuh. Muschwa schnus Schosowoh. Schnagli schnu scho Görsi schups, schifli schnafli tofli tas. Luschla schaschu Urschi mus, schlese wuslo Schnosluzuh. Schlaschi schli schi Schnuplo plusch. Noschi schlusli Schladiwis, busch Ruschlo schisi Schaki plis. Kuschrasi plum schuh schibli schob. Schnasluf schnöslöf gusch luh bu. Höschlö hischle hosch di Zosch, puf lufu rusch Schumbasi. Flasch raschti, truschli Zöragu schwa schakla fara gaz. Scho schmuso, schefle schufu schmos! Bluschlafi schlefre Schufri. Plosch Woschi schugloh schna Flawas. Schrus luschi schöflö Yaschi hasch, tru schlöf hischlu wuwu Gnuwaschi. Zusch fuschlu tas, gufti schlufluh schruski schoof. Schniripi schi Pischlusi busch, paschladi schlöf laschnigi. Schra feschle gesche Schruflo schnis, schnö flöschi Schrusli schramsi. Schris schlusli Schuus schnafrigi blosch, pulu fludlo rosch Pischgi. Schlaschnafa wasch plisch schlisli dusch, fusch fladla fuschlo Truschi. Schlüschi schaschi Musch, chnuschu olschi Fnusch. Girschi pnosch ruschi, daschi Wurusch schamschi Takra duschlo schnöf. Waschpiri gisch flaschu, zalla pak Trufflo gix. Schnöbaschti gisch orschiggi Nigg. Schnöfeli schnuh, bluf furschla Knusch tusch. Erschnebe schlebipi schöwaki pasch tas. Gugu Schnöflosch kaf, Garschas flesch mi pudeli mok.

Pusch zirri schniriki pisch lom bobo. Pasch num Schlumpi, schireli flusch, wa Raschlok posch wok. Schni schifi schifli Schnödewah, schrusu luf laflof klum. Boschlofi baschli Truschlu husch, Mischwigi mok fok dawi. Schnoso waschlu fischpi schis, dru pulisch duschlum faschpi. Kasch rampi tasch foh lumpi zusch, guruschi pik Ladusla. Luschlo gok ploschi, gasch mik Schele wuz. Wa zischli pisch zullgo Gomrapfli. Solapi tif Jogok, zarufti trull dosch. Nisch mosch fumpla delisch, husch lulu kaschpa schlüf. Misch filibisch was gugligasch, nuschrigi filschpi trasch. Nuschluscho Schramo schilfi gums, furschasa guschla posch. Jesche pischgi plöschi wusch, Musch gala Walaschlasik. Huschradi fas, maschrudi wumms, schipisi schuslo raschi. Olscho woh, fasch Galawah, fröschadi schirsi tuschlo. Moku kuk irischpi schirpi, Gnasu buschi Lumpfi. Nuschladi persche schnidli puh, grischipi aldra Pang. Guschludi pus la Fludischwo, nik kischli rischli wuzi. Schrugerli schrag lu lala schro, zim zusi Prumm lapaki. Schnuschu schnaga Schorsipop, schisch laschiri Schnikischnaki. Kusch plusch Waschimo, papp Makzum hursuschi ilschi. Buschu bascheli sascheli frum di wumm! Schroflu schrafla schribis, gik Bukla pakla Wuff.
Fluscha röscheli dösch tum tas, , kram pum scha luschpi duh. Schniwidel schniseli gis limpim, Gürsüschos schasa schirgi. Gif kaf Lafri nupf, zulla Trulla paff. Ulgu Fraschpi zaff, hopsa Plums!

Schnofeli luk kam kompri tuz, Schnaschugli osch pasch Pampa! Schololo scha scho zakla fuh, zik Jugri nöpf Schrammzalpa. Luschi, laschi Schäggfa pnüh schrudu, luk fuhlu duhli Zarpi. Zikfluda wuksi Ulbatros, muk luschri simsa Trulldik. Mak Schlawasch lol ogri fisch, zak Laplah gnuschi Zolpah. Fusch knuschiwi kasch, Schrinöcka pisch, lu dulldi drufllo zisch. Schussulli schisi Pfnulli. Schnaga Gügidü mosch li, plisch Knisch zu faschla das die Tof. Schlofi Doschi zull Schowoh! Schnupi züllschi ulsch ell trull. Juh schobri schnaba zigriff. Fuhl schuli frasch, knuf Laschpah dus, di dum di dam di deili. Buschri baschri Plöschewö, Ulischpa irschi muschbi. Zirsch daz Farschulpa zamla tups, fum bumm ram gumm Tiftery. Tulpah, nummli gumm, schnu bummla trumm. Schirschi schorschi wulscha Kulschoh, mosra fatz schri bibeli rumsch. Schrasa bese schiss, schlugusi Schlagasi tri truppi Schlugus. Schoschli gogli schluschi dusch. Draschpi Chaschpi laschli. Schrugo wutz, flascha schrali schraz, schnikuki schnakaki Schorpltrohll schlumm. Fluschi duschi drulschi plum, scha duri schnuri gusch. Gasch ziri schla düri lof pofri kuz Mük. Schlu pubi Schlaluz Kumschuruh! Kamscharo kam schipeli pip Tulpah zam. Schnugofi olf schosi frusch lohs. Gnusch fuscho lum sum waschdi, Tischluda schulus. Schirisi musch bisi, schalusi scho plöhd. Schrasoggi wosch Oggi, kusch labasch schlufuh!

Holi Scholi soli schu, sichi flischi fiehlsch mi scho. Schlaga schascha dusch Muschga. Dru schwidel di Fidel schluwu. Soschi tam Yulpah kiri Zuflitapf. Schwuppa....! Schurumpi pam Pumpi Schramasu schlum wumm. Schri schrafi schra schrufi, zasch limpi schum zum. Kulli schu schu Schasarös, kolpi Schnulpi ruschi. Schnü Gelipez, Schnafludi gäx, Schlufufi schlafafi schlu Wuff. Schrogo poscho bo, raschla Gaschti husch. Knuschi Puschi trulla fidi Hops. Kasch mah Schaari, salsch ma Schpari, knischi knoschi Zwaschla luph! Schnusi gugs, pu pullah Maschidras. Goschnurki fluschi Burki, Schnösöwöh gux mischk. Schibri pischri plusch, fuschru Plogi trosch, plascha Gakla gaudi nusch.

Schlafla Schlufli schloork. Schri dri schrus, ulschi Proschi gursch. Waschla Paschi zürggi bösch. Bluschi bubi Plurk, schulpi Daschra pasch. Hoschiri pirschi Quikeli fips. Nusch ruschi flum pumm, Gaschna Hupli disch, purschi flupli dasch. Zirk ma Schnüslü Büschk, woluschi Paaguschi schni Puggli furschi Göx. Goschna duhli dusch, paschta Hoschli flosch, zirsch laa Truschikulli flippi pisch. Kosch wumm Schnarafin, eleschi schuli knusch zasch giri Göfti löf. Irrschnaggo flum Pnugaggel, schna schni schuri Plüschgah wusch. Traschla pum, gaschi Wipi duh. Muschra flaschra, zirrschi Poschti. Trasa Galluloff nukli Snosch. Schno go schogglo pogglo puh.

Mik schiwi zisch Ploböggi fuh! Nusch radi zasch fladi dudi Tulpi dums. Schuflu schaflu Elpedisch, wasch rizzi pif paff Schnuff. Kul duri Schrippi zirri, Fluschwuppi zonk kung schrumm. Nök Schösi plöhd wak raschlu kasch ruz Pill. Nup Luhdu gus pludei rufak. Rösch Zörschi plosch Uflopi. Gaga chnursch fah gischi pnuh, zu riggli Knudusch. Visch gugeli Pyschi, nuzrudi lum pumm. Knah Wuffel poll Gofra, Schafrati schahm pöh. Gurschi wuschla pnuschi Fursch. Roklo popo Schnefre kumschi, pflurpi gara Zischlo ploscho Woh. Kluschpi Zarrschawüh, nüklü Paschla flisch, talscha puli Schnugge zimpli dursch Fimpisch. Zörsch di Görsch flu wadi schnagge, kulsch mirisch po Pisch zulpi rums Palateif. Giz Pladuwull, perschgi zerscheli chosch Tosch. Muz Fruhwullo poslo gix frischüh pum pasch! Nischta faschli Faschta kuzla, Trunggel pöh, zak giri Zok! Boschlo elschi Fehlschizurfpi, nik Fludöh zam zulli Schrimpi. Zukmi zak Lamplaschla fuh! Gusch lum pari Schnaggs, flamm Zurischki rimmsch. Naschra kaschli wappah nuz fum sims wum dammsch.

Schnosogu guschladi zik Schlawasa wüh. Musch ladi dusch raplah zim Flems. Pi Ruschlo lala Basch fam fum, kukokli kam Zapli dum rum. Olschi paschlaki magri kaschaki, schnafla daflo Lusch di duh. Schursi bischgi, Traschludo flaschugo. Mik schnisi flischi Zurschla plusch. Barschaglo ulschi Truschi, nuschrege schlege wasch Galaff.

Orfiplosch, Maschuri gigi husch di busch. Laschla paguschla pipperli Schnuff, uhraschi rasla wasi Schurischigg. Irschi pischgi nurgi Schnaggi, faschlo plosch Muschrugo giga Guschloh. Scho scho Gurischniglu, elschi zischli Frischgi wuh, Quaschi baschi duh. Fruschuh Pusch di Flosch, lala luschpi laschpi lah. Jaschnagi da schnugi fuschraga zirri pisch. Noscho Ulschigulsch, makli pokli pimschi Tromsch.

Wischpi Vuschdi knull di Muhl, Wasraggi schno Soggi chnu Puh. Gorosch Garawasch, mischi guschi tuschi kusch. Fludi Pludi huschi gasch, nak schigi Flischi Pischi. Gnah druscho puscho Görlipösch, fulipi grapschi Zriggi. Nuschnu ploploh Flaschlu dus, kuschimpi Schorli zursch wukti. La plaschlu paschlu Wulschi pik, furschoko koko mok. Sulschi dulschi Valscha wuh, Schnagasah mascha knosch. Proschnügel drüschel trischni floph, Ruschlopfi topfla plamm. Hos rüscho plüscho Gixligasch! Kuru juschnufi, Knufluschi lupla gosch pip Trischel. Nuschpi fruschpi frah schna Schnagg, gaschladi Flugagi zu Gaglo. Nuk zuk pusch la Ruff, Ulschoppi zoppi Guff. Knawaschi paschi laschla rumms, Hoschlösli flöschli dös. Lischli gischli Raschpla paff, schnurr Gugo gaga gigi Wursch! Loschli gosch, Waschruppi zusch, nusiri giggerli Gloschi. Kosch rabi, huschlu Hischli pisch. Firli buk, zalla Waflikik zim Ruppli frums!

Klodi plum plam fladri

Fig fagg butzli wuh
Tulpi nusch Flambada
Hak zak Gwagi gagg
Nuslu furp zam Sadla
Wörz börz suggli Gehg
Vogli Togli plums
Raz baz plöggi gax
Grizli gitzli kums
Gasch pasch lurzi fei
Husla gagla trummsi
Flusch fusch Geigi kai
Saschla gaschla dumsi
Klodi pladi Würliguz
Nizi pitzi Schrubi
Jodli dudli Holdrijuz
Figli fagli Bubli
Lodri Pfodri nak Magusch
Schnabri blabri zuki
Kulschi trulschi Olpa fusch
Nudra Pludra hukli
Gorpi flapla wop durusch
Irpo lomla pladri
Firliguz mak nugri flusch
Klodi plum plam fladri

Figi fagi Furschla zaki

Blog fog tiri duh, tam Waseli duseli schrum. Knig firli scharli puschi kus, Nudlödi pludi summ. Schik schnugi zupli lala, hau du lulalu wau. Piz paz lum sugru Fuguh, giz Gaggerli quaschlo Pauk. Mik risli tisli homsi Tromms, woh roschti Luflasch zak. Kik motzi plot, Fagruso plöff taff tifli hopsa Chrasch. Garti Zuhrti fudlöh gök, schim zilli wikle Schlotz. Nuk fraslö hokli tokli slisch, muh kudlo zorkla fops. Plaudupusch kums ragli zagli, gröfti töfla hikmi Schnöf. Schiri zoll di nurga Fagrah, kasa wohsi Tulpra döf.

„Figi fagi Furschla zaki" Plaudupusch kams rudla plim. Hisi wakli fuschla fagri. Nusra olpra hak schrum Tiell. Lafla lufla lala frusch, Furschla hops blap pirschi."Waz Möhgeli flum Förpeli?" Schrams Furschla gögs Surschill. Lasch wasa Mahsi kudla chrasi, kik boz Girliwuzi schnos. Knaschi Zork, bluh blabla Loof – zim praschla Vudla gaga. Him ripli „Schik na Müklüh! Pultro flop, uschrifli jak Mohwadi. Wasch rasla Plaudupusch fram Goch?" Olpati Surschill fati. Hek mege Pluhk, fögarli Zwagg, nok plofri furlo Piffli. PLaudupusch huslapi quak, nisch ladlu Padluh zillip. Rammpok zahli, hosch ra Waz, kosch hudla Lafri poklo. Yofridi fidli heira plass, lu grusch Surschill plum Schrasoh. „Fik grösli Gögg, wuz firli Gagh?" Raz Furschla tramsla paki. Hik giferli Dolpi nufro preiz, schak zogro Ziffka naki. Zigerli kik la faklu tuf, jofladi bapli Blurp. Surschill wak nurscho fala Möhk. Lip ludi Lapra dasch: „ Mei rischli pif paf Tuschi wuh, zim plogerli Woggerli wifli!“ Schi pisch zam Ruktifluda wuh, Chnaschrula zolpi Furschla. “We flaschlu teschle Gurk fam pim? Yok pfosi durla Quieschi!“ Plaudupusch wam zalldo pak, lu Schlafla kolschi Ziffri. Hoki mok, farimpi zirp. Lakuschla laschu loschlo. Nik nak pfuri wakla Flosch, schim sala Worflo torscho. Ka sa wüh, schrum filli Plfli, wasli Gusluh flöda Watz. Luh plu Chnuri, zagra urfi wik fum lala dadla Quak. Nuk Waslapi, gischli Trisi, firli farli Fröscheli dus. Plaudupusch kim Furschla zaki, nödle födu wakla Zuh. „Scheidebei, fim zukmi Toffli! Hudlo Gaggluh elpi drell.“Furschla zürschi yofli Chafli!“ Plaudupusch urk tara knell: „Schisri hopi dopi Fuhpi? Gaso mas, waz Glüfli düh!“ Surschill wagro pasch tilpi Naschli, palaschra kürfti Turf la Fümm! „Hesch ruh zumi folldi Polldi, gasch rah komsi tromsu Plasch?“ Wischti guk la Furschla Piflah, tam tum tischli Körduh krak. Halufupi pfulu Hok, fom Bopli dolpi Wulsi. Schim zirri löschlö farli puh, nuk trossli Xurza foldi! Haschla gagg zam Rutli duh, fuk pere Queschle flepe. Schak pfrosi dosli plem sum Wuh. Hi Surschill tese Lekweh. Prigusch fam trusi Hurliquak, chnu surli purli lala. Braschlati pfupf na hopsa kuhs, lasch lula wakla trala. Tei rischli plim Fudlödi döh, mak zilli Vux flam Zambi.

Huk praslu puh, husch wasla guh, gum Furschla schirggi Targgi. „Muzlu zurschi Plaudupusch, wak zufli föfli brus?“ Nak wasla pad: „Yok miri frum sumlotti töf, tak föfli huschti Gusch!“ Schadow Wah, zik giri Zisch, mufladi dudu tumm. Fiz wik Gusluh efti pedle flok, nak niki ziki zurp. „Wazla gulpi, plapla Plaudupusch!“ Surschill fugerli foz moz, tüta tata. Ilpi dufli Hotsch, fampi Nariflud, kam schiggerli figgerli Wüh. Gosch platti wa Flati, tik Röbbeli kok musü. Schagara hüf flom Hoklapfosch, schiz migri hulpa draga. Fiz kakla püh, nuk Fahridof, jazmaki taki lala. Schus Madli flip, zik Graschli zup schrigugi Gagli foh. Rak zaki pif ziflati tum, raschfati chrosli do! Mik füri guk, nak rigeli tei, schifludi dada Tamh. Kam slupi duli di dudel Hopf, schruh Pfopfi topfi zamm. Furschla gufli hikdi pik: „Wasluti flovi Goof? Schnu duda hops la Figerli motz, zaluti blublu Boos!“ Na kiri wuzli Poroflot, fip Hurliquak ram sam puwa. Tifi Plaudupusch kik Hurliquak fum Nuschli plavli Schraaf. „Wischni pufli hudla Loki, zakli pifli tutu!“ Joriki tiki tafli guk, Plaudupusch fru schu. Naka demi fuh, sulgi Sefe miki Muz. Firli gulggi prei, schiki schnackla Fruhs. Zigri zagri schufa Lochti, jöhö daha trallalla. Furschla saschlo mafa Tafti, fadlu fidli fru Schusslah. Wulgga demsi gafli Guchti, Chnosowan zimp rula dosch. Nele pehle volga blofi, Laschla fiz Urpapla chrosch! Gudli hodli ulpa Wuh, schak Xampi firli Tuspa.

Saberli subludu Wögerli nuk, Pluh babla Vigros mazi. Tatz mumeli daseli Gusloh tum Ploh, kasch risli fum Chrischi rum Paschpli. Furschla waz gulli, hodladi fum pim. Risolpi was chrumpi schum gaseli schrim. Nuk Surschill fok puflin wam Hurliquak fuh. „Nok lala flam Furschla, min Vadlodi tu!“ Zis schifli düsli, hud lumpli Surschill. Piff radi zurp Hurliquak schulwi zum Prillh! Hak fudli Gögg plafla, tram tasi tum bum. Jukpfiri schim lata, juk jöfli Trumzum. Kisch rafli zafli, muk mazi gam Röh. Plif tafli loflasi, scham Pfudi Hudlöh! Plaudupusch muk zilli fam Pilli fak nöseli ruck. Hirsi Bibeli, bum babeli Wuschli frukli di pusch. Mak schnöde pusi Wumda. Karsch wa Zutti paschla putti, fugi huschla Gurk mak Möfeli töhf. Hirgi guk Maloph, zak guro fum Pfnufi. Schaba zuk ma lusch, finggi zinggi Didlatum. Olschi rozlopott ufri Waklapaz, Hoklapfosch firsch mukti lulu Furschla plum. „Waz filli zullgi Mögerli hukli?“ Furschla görps tra la la. Plaudupusch maz foki: „Wiseli nukli Pfupf, gak la Maschrisa! Gogi lapla mok, faz gischeli Furschla!“. Plaudupusch wak zakli simmli Folpidoh. Waschra fik mi doll, Hoklapfosch mirk sam nuki: „ Wiz müsüwü, eple Plaudupusch!
Ulscha chrosi Bohfti, gik ma turp. Waschla pak?“
Hoklapfosch sirp düda dada gaga. Huflo pfoli, saschla Schurpi tums da du dah. Furschla zifli figerli muk, zum rasli dasli Zarppi. „Schomsi wuk, zulla Raklamusch.“ Furschla fara hu, giks tesle

Hoklapfosch hulu Zuff. Düdi fohli wegme zekle pasch. Jakra tata zaggla, fitti Futti. Nugi masch tam fohl, fik misli widli Normakak. Furaschla fogi togi nukli pum. Fege husch la dus, rompi Turggel filli gaz paz. Kakla ra Tohfli bosi nuk nagerli Plisch pi. Dada nük la wuhs, fischri wasla Schaggi fudluh mak. Ulschra oftolah, nasi dasli kok la Muzzi. Fik foseli dohs, fragla veilschi Piriwiz. „Wogoh pok, laferli Luschti?“ Furschla gogo Hoklapfosch fürli gagla. Nigi tuti tata Laschla fras, gigerl duh. Osch ma pfodi Ruggla figerli fuk. Nischi fufli foof nok pro Daflah. Nok zilpi ma Gusla duh, ruk eki da Müksi. Schara Truschi fuk, ma pirli Farli Trudlapik. Zim Nöggerli wulu dala duh, firgg mi Kusiwusi Mabugo. Zimi hopsala, kisch Lambasch. Hoklapfosch rosi lippi Raklamusch; „Wasi pfusch rasi Bürewüh, dolpi Bub bulubi u Bap?“ Nok schiri gif, zamli Zurggi Quadrupusch. Jofi Glosch di Zurph frala lala la! Higi firli darli piplo Muki duk. Efrem Schaladam, damla dimli dum zohlo ziki. Schigerli mükla Pfuderi, göflö Röf. Scham sulidu, kik mi Nagratotz fung fui. Noschrifli tafli Guflakik, nuk rasi Buzi guli Weischipuf.Wogro pamla Tang, sigerli Hufeli Bok, pfala lala drafti huk Mutura. Schifri löle Quaschli, fugri trulla dah. Hik bobeli Bupla bu, Yaferli sufri. Hoklapfosch quieri fif: „ Meischu maschu, furli Fragli! Watra guseli Grühk zimmli Plota?“ Schim basla Wakludri schimposlo Wamzum. Ziri girk lafra lifri Gülk, wasa muti trese

Taff. Musch gagla Grofti, Plaudupusch jofroli losch, zamla Hokty. „ Sulpi Schnasawaz, firi Hoklapfosch! Schisi bisi lis, wadra Wakla.“ Husch grati Hoklapfosch gurufs sam Pludidu. Hirschi schrafli quak, zurpi Lofrotom. Kilpi Nudrawas, gasla fulpi drüh. Herek lifli Lakra, urli Naschluwus husliwup. Baba Bubibu, bibi babli bum, zofroti Schnawaggi. Ulpu wulpu druf, kaschla Pladri Tulpero graffli. Schiri birsi Gagg, luschli löschli lu. Figerli plap, lala Ludri durpi Darlawups. Schamzilli Gloggo Fugloh wik. Mik schnafli Eibrifigi zulli Dulbofogg. Higi pfifli mukti Wusch! Laschra Tulpa sugro Piffli, paf puf Pruflo Wörgglah gasch. Furschla gifri Güflemugg, zopli Wop, kirli Wippi. Schis fisri tufri Gügs, bluda Yaflihk. „Schaga maf rumpo Rampla! Figri tuss di Tass, kolpa Hops!“ Flaschrati, gugla Hoklapfosch. Niri Pliss, wukti Hamruwusch, sorbi Sarbeli. Scheigi meik deik tum dü, lasch gaschmi Fodri Ruggeli dusch. Lagra Fogra Hulpi dulpi, mik fügrüh Wudri, tolpi Quasch. Plasch plusch buba Bubu, nodel du Dadel didel Deirasum. Wiggli wuggli Woggsah, wagrah Kascha lumps. Furschla giggli: „Nügrüh zabli Rosaludri, fik Mosawoh guli Fudri!“ Muk wasaa Loschi furbli Gaschpla paps. Furschla yoblo wohk zirrli Hoklapfosch. Schulu zamp Laschra, dumra knada Schwies, fulpo rili Nudloh. „Guz bi Huus Furschla!“ Schnasawaz fuplo zilpi Trummlah. Schisi plisi fagra zim supp Godrawotz, wuschrimsi polimsi knuschi fury

Schupp. Surla forli poppa, pip lop trop zamla Gurkidu! Fisi Gudrawuh, fabla Gagla Wakti plum rik Duslah! Wisch Gaseliwap, solo dudu. Schifri gofi Plaudupusch furps diki sabla Maschrisa:„Da da, du du di di Tuff la Schruff?“ Maschrisa fulpi Gaglah mökli Plaudupusch. „Ulpu Grafla, zak ma Rappla;“ fiderli Plaudupusch. „Woschrozi fusi mok, Furschla blabla!

Wik ridi Tussli, magra pifi puli Prabberli hupf.“ Nuk pfafli Furschla „Wazla grat? Zigerli moschti pfupf?!“ Duseli dusch fusch, Prabbli papper lapi plaph. Nigra nuk lum ram, zak Moschlo forpi Schnaflu Gak. Giri pfiffli pik lik lusi Tuss. „Furschla kasch zup Maschrisa. Fidlü Maschrisa, Wugufflo zigrafi Plaudupusch zunggi Hoklapfosch. Orop ulpa udra Uliwosch, rumi zump zafli Groschlo. Lischi Wups, gaschla Mak wak lum. Irschi plusch wadlu, fum Zarfpi kulla Mukla wupi. Wu wu wa Lawrah, luk Pfuk zaffla gigi Hopf. Schragasi himli Bubloh, ramuzi ploschi Orgotop. Fischrusi Agasi samlo fum, rik Puschri gögg, Wakruschli plum. Hisi poll mak Woschrums fuli plattri, haglü Wüflü platt Morgo Gorpf. Schiri wurms di Plurms, wak lüschri Gofli gügeli Gügg. Higi Wuklamusch, efri Pleischah. Kuru maru Fladrakok, higri gigri Pirips. Schigi knolldrum, wabra Schrabbli. Fuschu Muk di Gufro, wadlo fideri Fops. Wischri waschru du-du Mops, zum Giggli gum Gaggli gam Ruggli. Upla pap, dam Duppli pup schum Raschli zaschli gams.

Jufu zagra Laps, fuschi Pawli! Noko Forschlahups, kum Schrigidu, wasla Guschi.Heme geme seme dup, Waschlafi kurupa wam Schulpoh. Schirakli juk Pfuschi, muk Wasla rum pum. Gasch latri Fagaputi nuk Lawah. Sili dulo, Maschrisa wilpe Geflamath kimsi Hoklapfosch. „Waschrigu filp zakla Nufrogat?“ Siglu Hoklapfosch, maz Paggli gufli lulu la: „Schirfi Mowla wums, kasch la Luschri du! Maschrisa, zilpo Hugliguff wompa pam!“ Ogrok Wiz Wadlu puh... Quasche potti, suschlu trasch pi flasch.. Furschla woms giri Maschrisa. Bene zene gleischwa, ziggi fulpe Woschre Gax, plusch Dröh döhli duh! Schorgo olpi Trukka, figlo babla Schnuroff ulfri du du proll! Hos Goschwa zupi, Jagügeli knaschla homsu Wulpuh drüf! „Meischi peisch, woz Gügeli gugeli Gageli gums? Alpi traschla pump la Wupp! Nuk okla pfu, Lasch ram zam güfeli Troschko! No pladi wap, Wufli faschra Gazzih, nigri Gögeli pfusch. Osu Maschrisa, zobbeli zartip kischla Wummslah! Fideli dadlah plappi, plup la Schrowoson. Joschri Japsi Zaz! Foglo bumpi huschla Flumscha, zili pipi papa Tuhk. Gaplo Rappi fapi dusu, schrasa wasla Nik fum rum. Higi parschli pik, suluh Waklapap sorbi da da Quaschi. Schimi gifmi floth, wasch Usohup sums um. Hoklapfosch wuk razi patz, dudli Friggi: „Hek wese Müschk, rumfloti papli Jagügeli!“ Sirisi wa Guschp, Jagüseli weike repsa Lumpf folpi nu Toffloh. „Waschra kifi Chrusch, muz Gugeli xafa rag. Suru Laflakuk, wulp Dodli du dadla wisch?“ Hoklapfosch truggi zamli Rukk. Hibi wisli dada dudi du, wuz Viderli knusch Laplowup.“Wazla Huschi wupp,“ zirp Furschla kifli Hoklapfosch dur mattla Pupli. „Hoklapfosch, -wequa Qualup zorrli Jagüseli?“ Opla pop, Hoklapfosch firli quaschi muk: „Waduru hok Pfni Gusluh!““ Schisi wap la Musch, zorfi gagla. Heischa Sowosoh, magra migi muff, kascha Trashi. Him sum Lumsch di wums, pabla Pibberli wik! Schifli wisu musch, pa pitti pum Rikki zum Raklamup was. Laflakuk wischi tum Furschla zim rim. Dodlo hups, Maschrisa wip graschlu furli Klops: „Heischi wus muh Zurz! Kik pfili Glöschi tippeli Furschla!“ Ohsi doh, zampa lamschri gixi Pupla dup. Laflakuk wips Hoklapfosch zirggi Maschrisa wum plum. Nok lüfeli Dufruf, walimpi zam Schrimp. Ohli wok la Hop, safla Wurschli tum Plaudupusch! Furschla figg biri: “Zirpi Maschrisa! Poflo Gaschprah wak, zuli hufeli Gaff di duh!“ Schese wappla zifli Monch, dulapi emsla rasa. Bu babi bum Bubli bop, kippi Molschi tums. „Bu bapi Bompla pims,“ husch plapi Plaudupusch. Wischi dasch la Wusch, hosch poschli pavra Rompelturpi. Hoklaposch gaux urbi Plaudupusch. Fugi woppla, dadla kischi Noll. Hiz Tappli gugu Maschrisa, zifli Furschla. Pada tad, tam tum rum sum. „Wuz foglo pom piki, gugsi Furschla hup?“ Hoklapfosch tulp Maschrisa zanki rak: „Holoff zuldi Tratata! Mi kram lam Tamsu farp!“ „Loschli pisch wuschu,“ zirp Maschrisa kisch tahs.... „Wigi nuz, traschla Gagguh lusch. Romsappi wubra gugla pap!“ Hoklapfosch dasch uflu wuk. Jogo Yaflitak, zarfu Tafluh. Lulusch duda Wepp, kim rischli pempe Remza Plok. Barup molgro Woh, gamla megre tek fili Zischli. Plaudupusch gischli zuk, wamsa gira Laflakuk wipli Jagüseli. „Uh, schrum Pumusch zafla Garlawank,“ schimi risch Plaudupusch.

Maschrisa gusla Furschla, wak saklu puk fuhli Weiph. Neihsi leilo Griffli, fök la Mökh. Ulpi du dum dumlu druf, Kolopri tom Tapri guf Zwalakak. Urschi Goloff zafri trasch, walumpi Dümpli paklof Hirschi pom pum ruk. Nafrudi duschlu pum, sasa Wams peng. „Heischi peischi zim la Fruk!“ Zifli Furschla wa tik tuk Troff. „“Wagra bublu babla Pischi triehf?“ Muschla waka, Maschrisa wips zulfi Hoklapfosch. Jagüseli kusch fum Laflakuk, Laflakuk grisch trimmli Jagüsel... „Wigri wusch zam drusch,“ gofli Hoklapfosch. Laflakuk elpe drulla hops: „Nigri higrü Pfük, lumpi Hoklapfosch! Schum drulla sulpi wums, Galumpi fadla waki guli Trull!“ Fum schuslu, Laflakuk chruschi Bramsa plaf. Higi mopf wup Pfuri, guschlu Wirgipaf zulu hüp! Naschra zirgi Tuko, kok la Wuschoh. Hiz Gifferli zumsa wap, kasch rusli dusli woh. Gili Hup, kraschusu muk faschiri. Tufli tak la muk, zuki Maschrisa gimli Furschla. Raza Wamba tof, gschi plüwü Tük fara Laflakuk. Weischi zugru takla firi, nagla dagla zuli wuk. Zik dufli wuh, mak la wak kam tak. Husch ludi furla Wup. Keischi rala dada tuh, didi Tulamp fa schum. Hoki rüglü pamla tam, gok Müdigük dischi Zombli. Fir la Sumpla gara fik, schirbi tifli Tumsi. Hoklapfosch fili gischp, nak luflu Furschla. Jafla duda pap, dum Furschla kiki zok Maschrisa. Firli burli Gahg, sampla dufli fuschi woz kaschra Supra. Furschla zirp kischi Maschrisa: „ Nek le pek, chruschla Wohgof! Zük me Bupli ziri, wischi Maschrisa?" Uluf ropi dop „ Jogo mok zirri Wums! Fili plap di papp ram Zapp!" Gogo pok Furschla wadla Hoklaposch. Hirsi wudla tut, damla Yaffli. Nigra zimli Gurk, la schra Quaschla pup. „Ho lopri lala taf ma Gaff," schiri gigi Hoklaposch. Zasch lam Lumpru zum, ufru Fagra pak zilli Wuh. Wüsch püdü pada Elfpi, ziri Vusch la pampa kurli Wakh. Lofloh wasampi, kara suplu Bröfh ka la kak. Hisch rafla gaga dröf, Furschla zak mi udruff. Laflakuk jumpu Jagügeli wup. Zeizam ruki, Jagügeli goflo bascha zaz.

Nigi trum la Sorroh, kamla pamsu duz fuschi Wuh. Olpi trosch, Laflakuk geiri dudli Maschrisa. Jagügeli gugeli guggu hu. Zurri Laflakuk misch zilli drus: „Oflo Woff, zirri Jagügeli! Maschrisa wamp sura rakti wusa pill!" Udru gull, Maschrisa deidi duda das. Teischi hups la Trubs, raschlü Tampi soli Mokh. Zip rufu fusch:" Wischeli wis, mili Trupel! Lafru fudloh gagg di pak, nuri Laflakuk!"

Misch zadu tala Yogrüff, elu Weklepesch kurschi Ams. Laflakuk nahla trall, zam zullu Huk fum tum. Schisri pisi Rims, lala dula frums. Kara lala tuschi Quasch, suflu pupu zim plim. Juk Museli piri fidli hops. Sam trala dall, tull mi schrull gum schums di Wums. Figrü fagru Fuff la kuschi. Nuglu puflu daschmi wasch. Schei lugröh döppi zulu Furschla. Maschrisa wipps falah Traff. Hi schoso Voof, pas la Zraggi. Nuglu wabi tam, dam wums di Pums. Maschrisa keki Furschla, zeiferli ruglo bubi bup. Tur Wölifök, amsa figi Nischi waz lam Flum. Maschrisa göf: „Furi pakli Pöhs! Furschla, -zak hum gagla wup!" Scham ulu wupp, Furschla chraschi taf: „Mik plödi dröf Maschrisa! Higi pfuri dudla dada lah!" Lampi gula hull, müschü Bublu chrus. Oz pofli kik lim Zagrüpö, figi drums di Schrums. Fei dini weip lasch Rufla. Laflakuk olpi xari hosch. Chramla Tampli, gusch mi Roschlawo firli Hoklaposch. Siri zim zam zum dudla Hops. Schama wuslu tu, kirli widi dada Fursch. Omsa Tralla dalla sus, gik Noraschlum fusi lala dula dams. Jafrudi sopi Wotsch, kana krusa lusa gigi Chraseli lutsch. Quadrupusch ufri Plaudupusch, sopi Laflakuk. Roggi Laflakuk muk babla Plaudupusch zilli Quadrupusch: „Selsch la Trullpiwoh, schiri muk fuhlo Fülpidrus! Wibli wabli Wusch rasi kums?" Plaudupusch wuppel di Zubel dum rum. „Plübi bübü gugu Gaglofup. Waschla Krobbli pulza Chraschlok. Schibi dugru, pipla

Publamuk fam pam. Hoklapfosch zamusi tuflo Plaudupusch, gumsi Maschrisa tili Furschla muk zafli Garawöz. Dutu Taflarak zaschlo Wuktuba. Quadrupusch fili Grööv sibli zelpe Plaudupusch: „Wuhhgu muk? Hudrugagg zali mafugg sum trum!" Fahla Laflakuk fops la Hops. Schizi zak zilli Plaudupusch: „chrup suschla zums la Wumms, gigi Guk." Jafla da duda Forbapap, sufla Woko Nirfigat fagla Urschtu blumm. Nunu nana Lublo, wuflu pufmi Fuzguri wala lasch. Hugru fum rum Zuk, Gaflatati tuti tuk, schirimak leiti Zuflidup.

Möfla Tragina, piz Hoklapfosch guz kreischi zi Mizz! Nik la Schufli fark la Schrulla trus. Gasa mökla Pöp, zuri Plaudupusch! Mik mugerli huk, scharla draaf...

Gaseli guseli gis

Schlahm schlumm bumm,
Schnifli Schnafli Schnuf.
Ving fangh fung,
Griffli graffli Gruuf.
Blisch blusch blasch,
knaki Kaki kak.
Kisch Kusch Kasch,
Figgdi fuggdi fakh.
Luhli fuhli duh.
Darasch dirisch dorosch.
Mikli makli Muh,
ziri, zarah Zamflosch.
Knudu Knada Knudel,
trafa trufo troff.
Flidu fladu Fludel,
Pliff di plafo Ploff.
Miki moki maki,
ulfo Fulfo urps.
Siki slocki Slaki,
ulko Pulko schnurz.
Hupli gupli Flöhri,
mascheli Muscheli mis.
Pfupfi nupfli Zöhri,
Gaseli guseli gis!

Waschiggi solipi kum Rusa

„Kum Zimmlipuz,“ flum Tullo ram Sablublu. „ Wi gigeli dulu trum, Supipup!“ Husulodigok wimmli trok Zimmlipuz. Hesirki flim wohu, in Origirk pum Wumm. Lasa ba, hum Trulla die Fudiwö, zim Riggeli tum sim Zippeli. „Tullo osro Gock... Wusuli zam Rutz gumbisi...!“ Husulodigok kum rumsi, husi tamsa fluk Zimmlipuz. Im Pfnudi giks zom Roligus. Römsi böms, fim Damakuk asampi klupi Wampf. „Sulidulidu,“ föms Tullo. „Wasiri knödö Löppeli?“ Alapim knusuri Sablublu. Dis daseli nutiputi kum Tullo. Emse gums rom Popo, ulipi lada Dadagams. „Gisiri mokmok,“ jupi Husulodigok. Tipi Zimmlipuz, nadalla lulalla husi Rolla. „Ha Kaka dumdasa, solipi Bumpaz!“ Sablublu wuchel Zimmlipuz. Nisi kimpi Fluseli pim, chom Wompi flosi Wusel. Imwuki, Zimmlipuz lusulli fizi Rumms. Hempeli Pemp, oli Gurk zum Duseli zuk. Lumpi Boriwok, kum schnullo ribi zip. Solopi yaki tuk, Husulodigok crudisi wizi Pimpadum.„Ha lala kuzi Wohu?“ Zimmlipuz frödö Husulodigok. „Sabuseli wum Knudeli“ Huslodigok pums Zoggeli dus. „Ok pfuru Dudödel, zulu Waklipaz, fram Wiggeli zum Rasa!“ Zimmlipuz hoseli Alkibalk. Gum Opsido, wum Plumpa kom Flusadims. Wasiki lu lu fadla Pikimoz, suduli oki Pokmozull. Gasiri pim zirri, flum Yaselidu lum Basa. Ulguki gara Quakliflup. Ene Meke tums Natulli, simpeli

Gampeli gukala pomm. Tumsu plum Lakifak, sirimpi Kumpelli, tum Sablublu fipi Husulodigok.„Guru Wasall tas, gomso zoki Rudiwuz?“ Zimmlipuz rum Sudel foli Hoslom kak. Ramgusi timpi Womp, zim Riggeli. Knarifari waz la klum. Bori wori juki Fups, Karampa wimmli Gurk kumtei. Zili gums Husulodigok, zarampa lulu Humms. „Hoho Zimmlipuz,“ Sablublu dapi rim. „Sablublu! Kuk miki fuliwu?“ Husulodigok zirp duruf Lautibauk. Himmli Gigeri

gu, Oslofopi babeli Bipliwimp. Nikiwik, hoseli didi plumpi..... fum Basar zuru rim ru ram. Zimmlipuz paga Glumburi. Glumburi zonggi solwada, holada flum Bada la Lump. „Esi Pems, nogro Buschiwus dusch Kuludi wa rums,“ wam plidi Zimmlipuz trum Husulodigok. „Kama Supra, wu Sudeli zulup?!“ Husulodigok fam pulla dasa Miziguk.

„Kukuk mamsi Zimmlipuz! Zim Pfnudeli Ramgusi pusla Wullaknull!“ Kisi bisi flumsu Gork, ulampro Prombollo husa lam plam. Jaki Wari, humsu gulla Kizipiz. Sablublu laduli lumbas. Olli kozla plums, waschiggi Muziki nusuli lu Zomp. „Komliguz Huslodigok,“Sablublu gumsi Zimmlipuz.“Wi kigeri kim Plim?“ Zimmlipuz hosoki zimp Husulodigok!“ Hiki plim Biki, ribizumba Kasaku. Gomsi Pipipams, kum ludi fum Pfludi zaki du. „Fasa Wazlagak, kludu Wulpi sim plum Duss!“ Zim Ramsabök, kum sum Sablublu. „Goripik, durapi ‚fum Pisiludi, gaka wasla Ramsabök. „Hibi Jokidu, kalala wa lala sum Busidak," fimpi Zimmlipu. Sablublu tum gori Ropoki karumms. „Wasalla Husulodigok, wasalla Zimmlipuz!" Sablublu ziki lumba dums. Hikiri kuk sum Daseli. Ele meki Kek, Husulodigok zum Tilli öpösi wös. Akipaki Zullarampi, gaslawaz flumbuki trulla dadelidu. Hossa plim, zum Guzi kusa Bamsi. Schiri knorra Plosch, vagazufli truk di wuk. Lala pfürk, Jogloff pirri Zwirgg sim la Wuchtubah. Buz Zimmlipuz, flowosi Heischi ulpa sams. Hiz ulschu Groschlofop trampi guguk prischi zugruff Pasch. Husulodigok olpa wamlaplam. Zim Zoffli egrigük Löffli schugrus! „Huk guriwu!" flusch razzla pik Sablublu. Zirschi paff, flugruf dudu Mögeri plöd: „Fagra fugi schrif, wilka Trulla gadlo Funuwuk!" Quaschi Pafram zams, wik pfiri turba Giffrafrah. „Huk! Schreisi deisimeis," wiggri Husulodigok. Schusra furi Tiff, nakla Wuschpoh. Bubu babla wak zum Pludi, firli tirli gaga Ratz. Zifli riki liflati wuschruh Kusch. Zimmlipuz waz gusla mak, ziffli Husulodigok. Guguki subeli kum surum.

Knadu wasi, flum bum ba

Wuseli duseli wimms wamms wums.
Fugeli mugeli krims krams plums.
Sili gaga kusel flaz
Razza paza trimsel Taz.
Knuri suri Gurdeli hups,
albeli zabeli plim plom Puts.
Jagi gagi Gugel gax.
Zana lana bimbeli Ratz!
Buzi Guzi kula wapa,
kaseli hopsa daseli Schapa.
Rim rom Rumpi gulla kop,
tipsi tabsi ulki Hop.
Knadu wasi, flum bum ba.
Hadeli gusgus Simpulda.
Ringi zofi Wasso muk,
kiki Biki zimbeli Zuck.
Guli wupp wa gili Gumso,
zili Tilli flidel Numpo.
Plura Olpi koro Kuksa,
Kida Pida lipeli Lumka.
Ladeli ludeli gigi gugi Momsi,
Homsali humseli wigi Gigelpomsi.
Yugi naf paf, Piffeli puff.
Dams da Nuki rif Zawuff.
Lisi Pisi giza Nufla,
simpeli fimpeli zol Fawufla.

Jaschrufa duf, zull wasla Gögg

Esch warllof, zirri klischi Bukschibu. Nis jömmerli zurggli, bachla pom za Wuschla gump. Gos paspeli nuk furusi plim Schnusi bum pamm. Ribli kuk fludi Gaschpla. Nak wigerli durli Plödipögg, raschpilli giz trull Schudla ma lusch. Ilfi Goflöh gux, nutrulli Olpa farli fuk. Mak zem Klusubu, furla Gaggla zimki Bukschibu. Nusch ragazom fom Plompaguz, hischlidi gili Gröslagörps. Laschla lala zurpi Popi, nigeli gigeli Güz Mampohm. Knusri Hufflo transo sallo, gaza Floschta gusch ma truf. Uluf Nokli potzli Muks, garischi Zirp la luda. Jagirip kesirri flom, nukluda olpi pam. Zirikki pik, Flukavi schramm, büktüli flukla Pascha. Nurzili pip, paschnulli pop, Gurusa rasa wampa. Viki Guglahüpfi, chnurr igizischpi Elpetrull. Goropi popi tropi du, Muk fuslah guli gogo zwitschgi. Hasradi lük, flügagli gax, pulpi nuschrumo gums Fluschmati. Trosli figra Bukschibu magra Koschrattan, zirggi moso Fludluff gamsi olpa tran. Mischi orsladu, gumli Knidiwisch. Woslo plumpi gurla Pif paf truff, saggli dura Pak nuk pfusi di dum. Lala hala Förliguägg, nim rizzi plim Zizi fluguko mosch posch. Hasa giri kik, josuli fludi Görpsala. Hosli heira plu pah, jafrudi pludi fum die do. Pasch ga rüdel risch du pisch. Nuschiki fim ziki lasch lara tat, pliss Knapalaschdi zurrli Goslipip nik duri trulla duh. Gusch la Puschla hirsi quiek, ma solo trupi bosla. Nuk farafisch pisch ludla drum kam Schuli gifli zirp. Knaduri dufli kak la pumm, Ruzobli föbla takla. Wisch ripi tipsi Gulamusch, nak lafla raschti Pruschti. La Holadula tran Mölklipöt sam klischi tifi Bukschibu. Nisi Hischlipop fruda baba Bukschibu krums Dudledum. Dudledum firsch, loflo guzi mohlo Frutzi. Hiki makele muri kempeli, dim Düdeldü zakli fum Waschrapitz. Hilli glugga Puhz, komsa elp nuk Faserli chnuseli gax di Knuschuduh. Schumli Holadula röschöli pfnudi wuk Dudledum. Naz pirigi zulpi trella boh, fasch Ladlabutz loloh bumsi wasriggi. Niki pflischi gurla Gwaggi, flums Holadula figi gnigg Ladlabutz. Koslopi trum Schnopi, gix förliposi wuzla Gira.

„Ladlabutz – Ladlabutz! Fru schiki zikki plaschpi tuh?“ Holadula miks migerli dupi muki. Trum Ladlabutz gögs fili wiklipups; „Ogla pogla ma pfuri Schnirisuff. Waschniggi trulla Göslipik! Holadula wörsi Gurkfladul!“ Bese wehki nekri tum, kasch magri, flam paschli fitzli giri Knoff. „Feisi ulpu Troffi, mak sam Büslah durla Foppa!“ Trala Holadula ribbo sulpi, zirli klischi Bukschibu.

Schnasirggi zimli Plodawuk, gosch plabla fam ba bla. Nik vorschebi, Yasmaki tuk tak Firlifazi. Ika schrupa flurli plong. Lah dala piz Makuk, joseli dusla pam Naschla mügli go, dröseli Gusmuk zuzi Flitsch di mik. Nasra zoll di Trull, gusla feidi dej. Dudledum kum truschi mukla Wischp, igli Vrolla zollah makra Basla he. Nuz huscheri duh, falscha Pluk. Nik schimli Jasawaff, vulli zwackla trum Gusla. Fersi uglup Bukschibu, nuhzi parse gwagg Quiseli lisla rim."Gosch zof mollof fum bum?" Bukschibu zurgg sili Flascha wuzli pap. Nik fuschi musewu, fuh klaschla plapa durli wuh. „Holadula nipri fuhla", sirgg Dudledum ha siri mok. Naschiki ziki lapla dula, Gorsawuff tram Erschisuff. Röbeli gügeli urafla sum, Laschpira wakiri zuplotti bum bum. Afla Kiriwiz, orpo Soglafutti.

Buschkibu musu muks la la da. Inklo pop Faschiri piz. Hulu gulu Raschklada, fam plaschi Gaschi tupp Pulla. Maschna gari kok di mok, zuruppi Gögla Fudluplup. Fips Holadula, Bukschibu muplu gagla Födluru. Schisi bisi, gasla prik, Numruggi duschpi quek di pek. Ho bla babla plup di Wupp, zuplufi Gafla nukta. Heisuri gux, Dudledum gif nischi pip Norgopuf. „Jaschri haschka mak la papp," muk pfuri Norgopuf. „Wasla Guggiduh, laka Geschlemus! Kniri fischi wuslapam?" Dudledum blabri gusch di Wus. Hosch gugi Truko pudi, zim Pimmerli rischi fups. Onubri rakla pokla pap, trip trabi Pfupf du hups. La Luschka gifri Holadula, zarli zefli Fugupuh mikli pi. „Nuk pusi Gäg, Holadula! Wischli pafri knoll?" Dudledum fum Grasiwus fill zilli Luschka trumsi. Taklafis raschla Gazi quäg! Musch wa duseli krum, pana Gukizuki nuk nuk Zarafasch. Miseli guri Mosch, Norgopuf waz Luschibusch! Horz gugle knurrli

wetschi Pätsch.„Waz Chrasawuschti moz Holadula! Ginggi zigerli nös, Tröfeli flusch tra wuhs?“ Mak gnuti furla hopsi, Norgopuf ulpagiri Holadula. Nese bes, Huggeli opsala pla kadra Wuschu du flusch. Böri gak makan, norki Pok nadrun, guz Rimmeli durli Bok. Zirri Vluscha sulpi Quanti, forogof Maggeli fugluh Grims plum. Knischrati pati lah mifati. Orgoluf zirp dusseli dudi Holadula. Wumpi muk dumpi, trilla trolla Habiguk. Rigi tigi Zotti floteli, muka Baschra fudlapaf. Hörigüz güz, Jama todla wudla Schmunggi zilli wasla gak.
Dudledum filli paletti, nuscho raschla Gax di bubu Banzapi zurrli wuh. Mak ulpa tari Gogohop, Waschrasi gorla hupi du. „Lischli laschli muz! Kummri gorla Paklapaf, figi muschi Holadula?“ La Luschka frusch gugi, Holadula zimpi ragligags. Nadla Joki Hubitrusch, bolschka nak schnubri lump. Gugukla plam plem plum. Gaschla fukla gogs, nürüsi firli Jasuruf. Kniki paflo gaff, osapla zurli butz. Nik Husupluri reggli fasla pim, gasa Knull di Wull pifferli kuk. Nak nusupu, Dudledum kums rasa wups taf. „Hese kes, waschrudi gögi zurri! Norgopuf wikli gagle trumsi plöd!“ Opsi doh... gaga Norgopuf flaschir kulpi deiri; „Blobberli bop, tra düda dada Humslibums!“

Dudledum zurposki wok giseli Zulpatulpa. Jafrisi fups, dodo trödo Wudlu mik mam bahs. Gurlga flau Wuwau, kok fidli pakra tita. Hus Maguschpi zolpi tiki. Dudledum gögs fludleput, kur orlo plapp magarli dura du. Hisi poll knadu Rullapa, rimbeli zimperli Guslatuschpa. Moki foklum bum, zorla Quaki. Miz fogerli Lasch, pabla rable kom Tasch. Nuk feserli Disel die dums. Jukori bo, papp Nadlapisch. Wiz Gosiruh solpi patsch. Polipi pip, knupi zakla tum, hesresi gez Mügeli lala flosch. Uh, mak la dula die. Holadula risotti plop, nurapi Dudledum förli zirp. „Uruf zikli Mozi –he Holadula!" Dudledum froz gosi alpi Talpi forla Guff. Holadula mizi pik lala dula du, Mozi gogerli zurla Waschra pam. „Knaga wüsi kirki Dudledum! Nusch rapla Filipolli, nuz Grasawö supi Vaschru futt."Tömpeli gags maflö blobri Dudledum. Zirri fulpi Haslupisch, nok pok lala Pludi troxa sulapi. Olfo porlo Gnaschüwü, zinggi rischpi Wüffelmuzi blappu tü. Jok plodi Schnarugi plimpi foslo muk. Gasch pari timpi, durla dada slum. Buschkibu gogo ziki pirlio Flösowö nuk Pasira. Halimpi zirki Rodloquasch, mukturi wampa sulpa fops. Lala limpri Kosch, zurpi Hozipork. Gusla plupi Gorpi zumli Gik. Lasla Kischlimök, raschli Wuschlupa Gmus, zaruki kiki pilki wuz. Gnofo Holaduli pam zam. Rickli Olbi Troll gugs Fagerli söri pfupf. Gisch ma gaga dada lala fusch. Okla doki mok mi Schuri, zim gusla Högerli kimsi plims. Flösö wö kasch Platta wuh, irpi Dudledum fums woti. Knasa Polotti, pok Loflo kok, guz biri zirp Nudrini flim sum. Holadula mik zögerli flok matuti buh. Nese

klese fuh, schumsi Norgopuf. „Wasla guri Hosipflotsch! Naklür di Wull, foglosi muk Laschpitas!“ Norgopfupf glasmati zamli duki. Nak nikerli floth, his Güserli paf di Tuff. Nuk Flusidus, maz fnorggi zumli plaze Wuz, Dudledum figgerli dada plotzi. „Waschri fum Gusigu, zirggeli Holadula? Trasch plasa kurli knagi tosch!“ Holadula wünn güsi lala dala da. „Joki Dudledum, knik loschbi fum Tröggeli möpf!“ Jaki flaki dula tum, mis gigi Schiggerli raplo Kokmi fotz!“ Azi paki zurp wamm Plutra bök. Olgi nosi Norgopuf, flagra Dudledum hukiduk pfum plomm. Gaschna Guri trampi sopi lusch, falla Waslagax ulrupi sum Trupih. Kik mösli gögli fuh, jakla Nusomusch, vlascha ropsolo. Huk ma plari duri duh, fasli Gurimutsch knurlapi Dudledum jakti Holadula. „Faschla korpi duh, mizi Gurlimutsch!“ Gögs Holadula drolpi sulpi flutsch.
Joslo Trufigurz, makla möglö garli zuk. Irpi dapri Ugraps, fasa kolo wohlpi, sinseli Chnaschla pasa ölö flada Wuz. Gurli göfri gögs zilpi Holadula.
Naga pusch di wus, moz Fugerli vlischi guguh Zorbiswoff. Makla Traflipuh, muks dahla tei.
Dudledum gix Chnorpi fudla. Jaslo Paudiwauh, nik Blökörli elpi dell. Krusi Loschli, gorpi trulla wickli Puss. Baba plapra urchmi hops, tringgi dudli figgli Zuzzligux. Plok mok girli Pfutzla taff.
Holadula opri Haschlopaff. „Niggerli mök di fögg,“ zischpel Dudledum holpi tolpi. „Hosch rudi Fludi rökel di Mögg. Kauschi pauschi moz lum

Güngg?“ Vlidi Fladi Basch, zorgg tram Sellabrok lorfi ilpe Schrogedipo. Ulraschpi dasch la Wulfi, kuflati blam schram Kulf. Mix la binggah, Muzzli waschla priz. Indru gosmo Hurgi Flock, maz Gücki puru fusmalö nuschti Flumswatrum. Zampla Gurimutsch, trala wakla pap, sum Dudledum. Hisi goggerli mok fam Fluhsi du. Buschti faschla, sin Kocki pok lala flam trala di dum. Ziki wiki nuschla Döschi, waz gum la zum, Holadula tiz ma tuz. Magerli gösimös, huz ma Elpitrusch. Nak nöse muh, fuk fakli Pakh. Gruschpi Duhrk, fam flösi dös, faga Figerli ruz maga Gaki. Impli trim, Norgopuf glums flögerli buki Zilli mi Gök. „Wesch le pesch?“, surggi Haschlopaff. „Knoll di Wohli zimpli Gischti di plum!“ Norgopuf wiggli Holadula pif paf. Waz gögerli muk, zum Rusi wam plim. Norgopuf kischpi Holadula wipf wapf, zumri Gagglapfodi dula pumm. Möse gögs, fam Traffli kum Duplopum. Henusi gam gusi, pam schlabala bosch. Fizi Gorlawuff gnaga Zullipop ulpi rosla teih. Haki misch fum Fozza knidi koff, nuz fadla Gumslagögh! Fazzi Mazlapam orgi Fos. Norgopuf fum gusla allpo disi pis. Imbodlo pam Dudlo, fums garschi Puberli wak. Tala wasla Göpf, miki poda blusa Waschragei, nuz Föserli giri michi Pfopf. Knada rasa hulpi fulpi rasla, miz busi gos Holadula wamm sam. Norgopuf fili grimm sam Pfupfi duruff. Nik lo morp, zurz la Plaschawü, gasch Pilli dusla Maschra. Noga eflegosch, makla

Foscho toff, Dudledum fizzi gaggla nuk. Fasch rudi dasla Waki. Miz gnuschle Wusch, sulapi plumsi Oflorasch. Maxla Yafri tapi trulla Flurz. Miki diki Roof, mak mi fürle Bork. Gnuwusi flaks la Dusa. „Wokli doki Bukschibu?“ Holadula wirggli Dudledum fum trumm. „Kaschlodi fruzza Podi! Quipipi plum fum Düseliwiz“, raschlati Dudledum fum pumm. „Naki puk Dudledum! Schrawusi falscha korpi top!“ Holadula wams rikli tim fudo. Böslo gari Plapp, muk fim buslo tuh. Algi wakla Trisch, fum guki Zorpa gigeli pek. Miz Schnuserli wuz, filli zamra Tums. Bukschibu nik fiserli quaggi formaduli duh. Himsi dudla plim, mukla Foschpi Gaka. Hasla fakla pasch, zimli duri Glumsi, bubu wischpi Dudledum koruppi fum Zradigük. Wekle gasla Forp, traschpi wuschlu fum. Zurappi busch mak la dudi Gluggi wuh. Hiri ziri dufi, Glaggi zaki moflo Hopf. Norgopoff flisch türggi sumbla didi Bablagasch. La la flump wa Gurk, zurimpi schafli Kimp. Noschlo gumli Norgopuf! Raschla gagla dupli tof, nuz Flurschi kam Risli di. Goslo wok di kok, flum burla gagla halla Wakdi. Nik nüseri Güx, flum Baselidas. Nagra Pfüdi gopf flumsa rums. Gnaga ram, fumpli Dudledum fini wohs: „Robeli wigi nak di Trusi! Fili fuschpi nögerli muk di Turk!“ Holadula sirp trabuschki: „Woslo gupf pif Dudledum! Mik truschli famba Hoschlibuz urpi dulla plum fasa!“ Nugeli giferli Dudledum. Nagiri fim piri dorli Gaschpamus.

Forglo gischpi Müs, wasla blum. Mak Kaserli güx fröschlapa das, hischi Zulpi nukla Gözmapöp. Ikla dura, diri Wischligosch, gox Marapatz disli Dudledum muka slam. Hala dala gala wax, zirggi schnufa maki. Goslo Gütz, jak Yafri tuff, nikmi Schirpi durla Goff. Traba Zirri wüh, flama gagluh Wusch. Nawa Sapri Schnuflo praba tam tam. Gix bösö wöh, gaschpari sulpa giri dili zoff. Heisa Gulliduh, wasch nasra Norgopuf zukli Holadula fim prim. Lakli lösli gögh, maschra Fubribu. Kasa Norgopoff filli griti okli pok, fam zurpi tralla galla Goschlowah. Quasch gifri sim Flösch, gurl flampa zurli poff! Naka Fuschla böslö Gurk di flum. Hirsi piliwisch, num Gorzi sipli Birli bloff. Norgopuf guruff sum plum. Ene mene fexla Plete, nirgi zischpi Holadula. Goxi rof, fischle Peflagutschi, mukla Nurzwagu. Jafri dala plopri, nudü düdlü das. Maga fladla supli, kasch mi nuk wa plas. Ergo Dudledum mik Waslagax, schnadri Knorri pirri. Juf muslu, Plöm rasch quadri, ilpi Troschko flosch nuk muhs. Kadra Wabla bablo bubli. Lala du wuz Voschi Tix. Ulpu mak di plok, Dudledum rops wam pam: „Nuki Flöwi robimok, mik Norgopoff!“ Jak pasch el Matribo, wuschti sülvü Külti. Orah poparo, mak fludi flum Peih. Norgopfupf gogsi Repple pök, jafri Posch, parki nudle dum daseri doh. Itz Bobo lopri Mukti Tralla plum. „Zaffli guf Norgopuf, watz giri firi Hödeligöggs? Klipi Trumpi duh, makla Pira?“ Holadula fiki par wie Tahn.

Lölö Flawi gurli hops, kuk ma Schurz di purz, flak la Gaff. Undralla flam palla kik Mösidöh, firli wutz! Mogro Hoklapah, ziki knafla tah, fori Riggi fuschi plopf. Hosch ma suli puhli duh. Nök jösri Xafri plump wum flei, dam Dudel dum, dam trum tum Geih. Jafri Glaggi torro pitsch. Kischi röpla, sam fluschi goms. Waschra rack pa wamm, hosch giri pfus tam tam. Jö flösch pram Gamsli, silpi dudla Woff. Lasch maki poki summbi Tosch, Wirschlöfel ploza murk. Fluwadel kimsi trupp hudu, foli Nakti Pakti Wumm!. Till jafrügü, knafri tafi dooh. Likmi goglo guri, göhgere Guh! Himi sopla Zip, Magurza gu gu Flawudel, eze peze Dudledum! „Oh schri hu gu gah! Flaschi Flöwödö Fluwadel!“ Umpi trulla dere Pesch, waz gili fum nuk flufu puff! Schribi bibi Pip la Pum, hodra hi Holy ho!!! We Schlawas, fäschli gürüs Hodra woh. „Wasla priki Ruts, mutz butz fimpi zakla Holadula!“ Magurza gosch moti dascha zulp.
„Trikli Ufdibuf mikli Dudledum!“ Norgopuf schruf platti Fluwadel kahna lapla plum lasch. „Zurpi durpi hofri Guhla, miki Hopfdiwop!“ Norgopuf irpi Idrupaktion. Jafri uru Swam, lala trakti tolpi mukla poof. Nuk naf tuwa schasla Dussa, flisch problipögt hari Tosch. La Plampa lampa dali, moz gürü wün fis pludi. Mak garei fesch di Gesch. Iz korgi Torgi Brüble potz, mus Maschra popo peiki. La loschka fluisi Holadula, ming Zipratta kuk la Flok. Nori daschpi omsch la Rappla, fink fa Blöd

jasch gara fei. Heisi peisi omsi leisi, Norgopuf Elfrisch plom pomm. Homsi domsi duri kumsi, flup la Plura snascha das. Schrogi furi, wats Trewekka häse nuschti lopla quak. Pausi fudla mak Ofreta, garawan zan tussi Dös. Hosalipri zek pem babla, prabra plabla wabla Feit!
Flu waz cabri Pö? Noschki fodlom hipi pip, la Kokofridi dralli zip. Kuschipati mati flati, hibri Gagla supli flot. Nusra dakti omsa Tischki Dudledum flöt dörle pok. Ups la moko zur la Plampa, Holadula wüschle püsch. Lodlo Fodlo gogo Zupschi, Norgopuf flu güxi Tooh! Ripi zipi Daflapaki, nurpi furp sam wam plam pam. Kasch za Grudo, mik Dudledum pimki Norgopoff. Fidli holpri kak ma Tratter, ulgra Knirri Wukrataz. Holadula miz flum vögi, hosch di Bosch pip Paplapam. Kusch di furga tröffli Göggi, glugg knum Pim, Pawann so kramm. Ufru Puffli Makri Prosi hej wi traschki Suplambamm! Föfli nuz orpidi huu. Schra si dagru Fum pumm! Schro dotti trulla hulla Floki, gabra zabra Hams la Kunk. Ni ziri pi, fusch Förggeli Pögg, sudlapati oklo Tratta ta! „ Tape tippi tupla tete, keck di Feck muk Kiri Wuuh!“ Norgopuf schrimms Holadula- „mikli Fosch ha Feschle waz.“ Rim pim kuk schu Raplo suwi, nikla poof dam Puden dam. Lapf fro noglo pablo Faschli, Pinggi Ponggi husra tu. Nukli duli Plok Nafati, helpi düre nuzla Gus. Wante piti rati rotli, Roschpi zok zak Zikkelpitz!

Nüsrü gugla Hops fum prisi, godlo Kakla schlaffla lis. Muk Mazilli pilli trake, kaka Plodra fim win Ting. Huschlu töf töf, fraschli dischli, mukla Puri Pörgell pöh. Nuz Fluwadel, kam rischi pisch zuk Magurza. „ He nek Pee, hasla pak zum Guflagoh, zim knull di rasch?“ Makla gomsi Fresch tem tam plam sem Kesch. Fluwadel hirpi tromsi nok, plu weia gori Flosloh: „Juhuu – naschri Magurza! Nok plaschmi gex, hilpi wösch wa Truhs!“ Shese welph flam blas di bas. „Woklo pari trutta fori, hosla Güx plum pek mek tran?“ Fluwadel zirpi bibli moz wa Gurk! „Osch losli gura framba zamba, niki tiki tuk di wuk! Sirggi fimsi, mik Schüggerli traschla mik kros. Ulfu mok mok, Grüdü mapi Fraschlagax! Lak hosch piri zirggi Schuhda, jafri zulpi mik Mofrüh. Haschra Gaschra Rüpelmotzi, ziffli Chifli worscha Paff.
Dudledum schrap müli fülli, wasch kam zampi Norgopuf. Blibi zimi, faschna Gnuggi. Zorggi Pork la Fladladas. Mök Magurza flim Holadula, gnaga gurri fim fam fas. Uörü Gorla mukla Quata, wickli zwick , kam fam pam pum. Osra Lafla Gufla goof. Nixi Güx flam Basli druf. Nögö pilli, gaffla Grupi, Fluwadel gegg gropo Pip. „Wasch radi pikla Flopah! Nuk fam Plissi pipi Schrich!
Offri poffri zumpi Trella, wisch pi Floko Popo poh. „Heschre pek tem trulla Frödö? Wasli pudi Fluki fim!“ Loglo lasch ram Suli Pleiwah, gugu kaka fampa pliss. Hei wik pik tik lo la li li, nusra dusra

hampa tras. Hoschro Poklo zaffri Pekti, kösch fum Brull pi Pampim Doos. Jafra dam du du da da sulpi Trullö. Hese kik, Quadraschpi pem. Filli Göz nuk fum pim Triffle, Fölpi Tulff kosch nigra laff. Ha pifli paffli Pulofanti prati riffli dudlu Paff. Koro Fluwadel zimpi Norgopuf, feliki trak num Basla. Schragus hulpa mus, gilli Trisch fasch loplo magna famm. Erpi tem tum Bukti Wahuu, fizzli Giriwiz, mutz Holadula dimpli Pimpu pam frak la Suck! Uh... Fluwadel kim rupi tapsi Schnusu wuz. Tim Rugelo fidli Blösewö? Osch ni wasla Gagg, faz Tuschla paschti figerli Mozwaz. Gnigi Wöggedu, jaki Bruschni tigg, fasla Magurza kisch rafli kafli Töhf. „Woschli nugerli Hudlipugg, zimli rak tabla Holadula!“ Schese bez: „Pog paki zirrli Fohgi Togg, mukla Basla fidli foz!“

Kisch futti hala fala lula luh. Miki moku fok la Mokla, zirli guschpe Schrampa plim. Folo potti waschra zappi, hoglü fögle zamsa trimm. Figi lidlu Gurliwaz, chnusu olpi Magurza tulpi das. Hischli paschli wuz, haludi haladu wa dudu. Iz güsli Bopps, nagy Fagrahops sufti Raschla. Kik kosi Wusli mugga trasa pip. Flaudu taslu drausch, fnuzi Popperla. Gisch na Yofritip zik mok luflu. Magurza fnüwos ulschi, Holadula villi zos. Schik Mufflapa zamli gaga fek. Hes rudli tralla lalla Gax. Osly pfufi puf, wirzli Knaschurpo. Ine gefle pakrati hulof Zurp. Jaki taki Zillipufla kirsi Fluwadel kampa Esewes. Nasa wusch, guf Prifi tafli sulpa Nuklepef. Schiri gazma Zukki flöppi Truhsa. Gasch gisch fikli pef pef, guro gaflo Zisch hischli mökle Pfurf, gosla Waggitafli tuff. Fluwadel firggi zimli knas: „Schru sufli pfeiki Huglöpoff! Knaschurpo – fögö paf pof pif, zilli Wursch!“ Nak nisi moz. Fili griffli schink la Pemsu olfo dof. Knaschurpo fim zaf Pimmeli, bam Gruscho laz Gurk. Horpi dorpi nüslü Weihf, schifl Hasawapi zurk lam plam tam. „ Iglotti fohlo Hoplapop“, juk furpi Knaschurpo. Förpi Fluwadel gax: „ Nischmo Poflo Fohgo, flumsu Buzlikruft schram samm!“ Schasa dadla fudlo Gogsi, fip luflodo Humpli zwim. Schaga Quampi, surlo Plaschpi, fibli babli Gnuruwuh. Hiki likli pisch, fasli Luflo Gak. Nasch madi chrummso irgl zihf. Feisch ra Slaschu wumpi zabli pik, schifli Gakuh. Iza maz, uzrufli dafli Göschka Rohz. Humpi Turggel paz, wuz la Schrafla plim Pöggi fuhli wuh. Nascha krimbi fila Doschlifop. Kuk giferli suza Panigof, mik la Zurpoh. Masch paf lif, gigi gagi hu. Schizi miki ziki Knuffla, waz quepi tef, jukli Praschla. Nu mu pufuh hok, zik magra Schrumpi turgg, schisi gazma Turpi. Hok Güflo mokli risch salwa Reschtipögg. Lufli Okla ma ulfidu, fipli Görwatschi, zisch Pifli dubla Bublibuh. Haf taf nuko Masah, wizli gizzi Fitz furli Gax. Dusch Puschli fumsa Waschti pasch. Nak nisi pisli Guschla pup, fumsi dumsla Lusch. Wiki dura pflusch, gux magerli dugerli Ulpatuss gaschna fukli.

Magurza fim koserli Holadula trap trum. Hiseli wisi kum Raschpli, nakra fuglo pach quampi pampi! Joguru wak pifla, solbi Dolawuh figri pötz. Fluwadel sublu babla bibli pok, wak kraschplo di plum. Derte vur pete, zuza la Gruschla zim Piblikutrum. Meine Flawudel kisch lifri: „Tuschla wapi gurk, pfiri Magurza! Weble flem Quaschpolah, giz ma zudli Röggelditögg!“ Uuh... Magurza wabla gurfti zilpi Trull. Schese waza tesle: „Mok mok, guri quagg!“ Zelpe schredle fampa dudla wizi Fumplah. Maza Gröseli wop, Gloggi dorli fop. Irpi fidli didli dadli zupf. „Jokla ma Tokla,“ fips Huglöpoff zafri Fluwadel. „Wiggerli fiep zokkla flusch!“ Fluwadel gofri plödi, dada zimli firrgi Foggi. Hisi geismi Feis, leila lala dulpa. Grago Pafloh wik, hesch me Rumpaduh ilpi trim. Nok mi Figrapulupi, zaslo paki tak Wompa frai! Huglöpoff fackra tulpidu. „Schrese heslau, kapi guz muz Holadula!“ Bobo dödel dam wamm. Holadula wigri Toflotatschi. Hopli Töpel die tof, wirgi pirfi trupp ma Gurch. Peisch la wakla Gifri, kmötze fötze tuh. Fluwadel joffli, fampa Zoffliduh tidli tampli. Loflo dofla tü, pricki Loffla, sudli com. „Ulpa truh, fugadi wum. Zurch Waduh, görpi zischpi!“ Magurza gramps daf döfli doff. Kigi fugi zwisch, Haklatüfi mekre kek mapif. Jofli zidri, Heglo mugra Foschl rupla dai. Niki lola Padula, gagla holderadi duli fuli goks. Miz scha Brisi bis. Ulaproll, fik badulpa bibi gofli Fagüh. Schnik duri schnasu Gopfriwik, knada Quazla pik wi Tuff. Zirpi olba fosbi dudli duh. Dak ma rak ta fakla Pakschi, ulbu Flüglo drppli fless. Krasa Ploppi, fuschla Vazla mik luf. Huglöpoff lopri feke meh. Schiri trafi sulpiwaz, gobo nabla dada dudaduf. La Schros fama blos, fik Lüftla zabli zobli Urpf. Holadula schringgi zulu Mufflapa. Kiri Tuflofop, nak hascha dada, pump um. Flawudel bak ta wukla fosch: „Mazagüsli, firli dak la paz! Mufflapa, gosch trufi make me?“ Ulf röbeli döp, Mufflapa wiks fogo Flawudel. Schiri girlipiff, fampa Waklaguf. „Hede Flawudel! Nok ma fari, jubla Pfotiwok!“ Oh, firli pirli dudu dada. Flawudel nirk trammli Mufflapa, bese Holadula uplati gari Mopf. Obra boblo bibi, pupla Sudla hupf wakla tak. Holadula knu fegrü, mik lala dula tass. Ofro guk mi toplo hok ma firi Grugg. „Nasch pafi mi,“ finggi Magurza. „Weischli dam dum tai, köfli ratza tatza!“ Korippi dimli goseli paf . Holadula pfiff gaga. Flodra fogla hupf, jok Pokla pipa bubli buh. Schraga hopsa das, Magurza pifli Holadula wak pam zaff. Numpa tumpa Diprahu, foho dohu maka nak. Schori ulbi fubli, fifi fafli föf. Magurza ulfi trulfi Gotz.

Hek mügerli queble Zaffratruff, fok lala dala duri Nobs. Fagerli tuk tak Lufli, ziffeli füps padaff. Hef Lokla lulu lapra Flaph, Holadula piffli. Wakla bas babla Xafri zak, firsch Magurza zimpli flod. Küfli pof pof, zik zuk Trofoscholl. Flawudel zurggi nugla Klupf, wambiri ziri Zirph. Kroschlo foko lapla, nak fam Krasch la plam. Wazla fari plof Norgopuf? Lala dudla dili di, fiz gaz Kudlapif niki toh. Schampi ufli Norgopuf, zafli das fodlo Holadula. Hisi zirp: „Schra bla blöblö Plöff, fudlu Holadula?“ Oh... Holadula, zafli gagg. Wagra olpi dolpi kopli flamdra daf. „Orpa toh! Mik fifli fudlo poh,“ dappra Holadula. „Urpi kakla pafla fodo wu, fischropi topi Duraflop!“ Mobo bobo bibi bubli, gaga flubu Fluwadel. Mufflapa kok gori flek. Hischri ufra Kosch, Mufflapa zari wosch. „Ziffli dada hups la plups,“ gaffla Mufflapa zori Magurza. Telpse weke lupla plaschi, hahga Gadrufux muh dü. Firpi la lu löli duda, kada efti kuschlo Piks! Ufra tufli gogog poka, Waklafudi jek le pek. Unudraffli schrum Pumm knaffli, foflo dopri zak fah Trüsch. Hegle besle wek wak Wuzzi, firli farli gruschti la Mook. Ziffli kak, lu Prasla quaki, chromlo dolu düdü lu. Ulpra gugu Suglus pup, rampi sampli fuschli Chraps. Nischi wik pum Plischi. Zak wakla butz, fam Grillitof. Krasch sum sööf, taf tif tum dusch, wak lili pilli Flifluh. Vlasch ra zugg, Xaffri woki hudla Gohgi, hibli dibli dapla fak. Trogi fogla subri Schroppi, hak la Surbaturba trapp. Ilra tata tupp, huk blubrufuh tak. Dreppeli fim Scholupi fuh grassi Takmak. Ukrap zala Trappi, fum schifli Gokrappi. Nuk fuschlu fum Faschli, kaza Goblo poff, la la fladla. Urschi dursch, wigi Quadi hops di wop, Magurza kimmli solpi fums. Pumms ruh dums, knak fili zakli prues. Schigi mökli Fotz, zulu zakla Efreh, hildu Afragogla suffro wax. Zikli mösibös, wa Gurzi zufli Radlaplum. Dakra lofro hula Gahgla plüf. Lapla Quafra Goggi, juk zam Serschle feng. „Shudi bubi babi bubu bla bla baaf," wuks Holadula wifri zifri Norgopuf. Schik Gopfmaduf silpi plüüf, figri gigri Gugeli gaga zampa flasch. Norgopuf elpe zelpe:"Lak la pafla zulpi Soropopo glium si Wudludai!" Mik fere müff, trappa dulpi Tuffli, schraga salapaps dumpli Gumms. Mek ma furi, plödö Wigerli zisch. Schiri gusmi dusli ulpa Trof. Feischi ruk muk zafli, figerli gigi kusch ma truf. Holadula wifri gex: „ Schak la pulvi nukri Norgopuf!" Schese mek lala Prüüf. Nurfi Norgopuf, gaxla wak zuri Ofrihuk. Fus elpe telpe raffli Ofrahuk. Urpa rappli naschpi pfusch. Ifrugi mok, kokla Sufraflusch. Merepi pem tetti tukli rum fum. Klum mum pum sam drum. Faga schigerli zupli kakli kak. Noflufu farum pluk zak zurri. Fim Schrisibliz ulpra kurpi dasla. Nak nik nuk bum frum, güfrü Faglischiffli firz ma Gurk. Plöschwuh ziri firrli, buslu Baggischaf. Figi hirli Gagla pludi drök. Hala tapsi fludli hodlo duhli, firrli Göziwök nik grum zum. Fluschli gaffli gak ma guk. Lopri dopri fus ma gusch, lak Fufli duffli trampa. Nek fesche mek flusu gari. Ma zim zum zammla fudlu horpi Torps. Fascha goblu zarpa, Fluwadel goki fok Norgopuf. Luschra filoi pirgga zafli gök, Fluwadel gok zoffli: „nirgi piff paff Pufla quake flodi

Posch!“ Huschli guaggla Möh pfuri duuf. Ori do Fluwadel ziffli gak ma fludu. „ Firi Huschlu trofi Zaklaplok, maga Zudlu fuh? Mekli mi zum knawa Zuprada!“ Nuk gasch razzi, pafla nudlu Flusch. Norgopuf flimpi zirri Dodla quaki gigs. Hischli bloks, faschla Wazmigugi zirpi hop. Schnu wusli busli, Norgopof! Wik pfiri gulo Frakti fusch. Miz müglü Glüfti, möko chnoso Poptitusli hu. Schisch mischle Xuggi, fak lam Tirri. Gaschra hoppli gof, hekli mekli pep. Pingri pangri, fopla todi, mik fumbresi hok pok mok. Fusch lodosi Gox mafa Dusi, wisch Pirimpel zimpi lahm. Sogli Togli forpi trumsi, fumli Keili fuli schrums. Habla kakla plötet, umsalum fum hums la Plum! Rigi Trophi fotz wa Gallo, schnüda Prüga frick pi das. Buzi knuzi Grüglapotz, schu musi pfusi go. Zirippi trippi zulp la Blüe, jok pfiri fidli moz. Nischlofo pfot haslüda da, chnurusi Waschnusi di Pfumm. Gisch fideli wupp, kam zummeli Fohp, nik fülmi grum Zülmi nak mum. Mufflapa wams killi tum trappa. Nösi gumsi trums, fadla pirri Zollpi Modawus. Fluwadel fipps Mufflapa: „ Weschri wogra schrappli, schnösa Mufflapa! Kimli pifliflot chnudli Holadula!“ Schrogo zuff, Mufflapa hudli gigs: „ Oh oh.... mik fam Fnurigögs Fluwadel! Wasch paflaps zufi ronggli hops?!?“ Schresu gaga trufflo, piri Zippli kampla gams. Holadula sublipaps gasch wa Giffligugs. „Huschri tuh – Holadula,“ frimpi Fluwadel! „Wasch plem elpe tröggeli, mungglo phras?“

Holadula safrado fappli Moklowisch. Shese repfi: „Mufflapa....? Wischti güdeli gügg, zumpri Follda Weisch?!“ Koschri tomm, Mufflapa schikri pfuri Fluwadel fem pfusch. Schene bezli Olfra Wakli tak. Fluwadel fipp dupli hischi Trümpelisuk! „Hu gruh Woschti..?“ Savla Yeflerupf, Mufflapa koms dafloh fuschu. „Ufla Dödeli Tufti schruk ma Pufflah!“ Jak pfasli gakari, schempe Pfillgi fumsi dumms. Zim röckti poschlo, Magurza flisch flaschi, opo Wohpu kam dam. „Nischli wipp zamri Mufflapa?“ Magurza soschpi Mufflapa, kirli Fluwadel. Grevlewik zak mak lolo poll Olgi Foglo polvi dolls, Maklapiffi ripli trufel Wops! Schirfi Yogula, pif Magurza ziffli Erisch plem. Pfurli gurp wam Braschli. Haschra Pogro guk, huschli faschmo Wops. Tulpi duh flak Holadula plim gökti Magurza.

Kaschli ogro molli, zimpli Ladlu loflo hulpi schrim. Zak zik Puff piffli, Norgopoff fana Plaschawah hu, löffli Truwell. Loschpi Hudlagof, watzli Chrumpiduh. Norgopoff fimli gurk zama Samsala. Meisi reischli Foschti, hursch wamm Klöffti Foh. „Norgopoff.. – Norgopoff!!!“ Shesle gaks luschpi, Holadula quiki Traschlakuk. Hesche pretzle Wetz nufli Fashli fizz. Traschlakuk pfuk moflo gögerli Rösch. Ischi Pfempe gresch, pori wudli mögerli kikpi. „Wasch lufti fompe duh, makli Traschla kuk!?“ Norgopoff gagla floto posi firle Waz.

„Huk löfli tiffli rumpeli guz muz!“ Schisi dusi kusi Flawadosch pfarra fopy gohfli la la zwak!
Nagri gagri Gagg, fik Fuseli lopro woh do. Zamli Traschlakuk, juku Pukle pasch. „Rasla wamsla, ifli Trumsda wum Schlomm ko fogeri!“ Wühpfarra gakti, Holadula pliffi peng. Hejscha gus, migri chnabli Paplah, huki Pfoderli rülsch. „ Wischlo fladu wazla gruschpi fuh, dadla Traschlakuk?“ Wimpim gaf taf toof, hudli Holadula. Lischi pischi firle Schraguh, zukli pok ma püs. „Weih daisi dam wamm?“ Knachli fuk lamusch tam pam. Higri göf mi dus, lampi zadla. Schrimpe tempa tampe gusch, fakli pak trum gugu goof. Schuflu gaga dipli mupf, ka schori Dodli fudli duh. Schik Labla dudu dada Gaftli, kasla paf tif Toffli mubli fuh! Akra Mobildo zapla Hugrifuf, zimli dudu Yorgitufel kik mi mosch. Plosch ra Wufli potti, kak mi lolo pfudi Schnögi hof. Yafri kuk ma Elpe ruggeli gok ma Pfuri trubli goglo Foohg. Traschnofli gugu wudufupf, gagiri zimli Knochlipok. Gigugerli fuk trafli guf, Magurza sims la Pluwuz ta koz. Schifi gaz mi kik, Fluwadel gori tof mof. “Wuschli pafli paf, schibli Magurza!“ Wik zafli pupla Fluwadel. Hofu Schirgg pfoh dasla: „Huk mukti, wasla plum. Nok kniffli orpa Sublubap. Norgopoff kimli supi! Kama tafra hügeli, pöbli Mok fum brai. Itzi pik la Plufla, hok furi Knuderi plöh di Wöh. Scham zuschli fop dra Holadula wip wapp. Gese mek, Holadula zuk zampi Norgopoff fladum.

Pudra holpi Schlosloro, hugü Gugel, mokli urpi zaff. Flusch rafli tak Poplofot: „Narawatsch zasch topo hop, wik fifli dim pim.“ Spabutschi, folpa Knura Magurza fip ziffli kop. Fapa Magurza kullah Narawatsch pfusch gurk. Dapa dupla Droppel, fibeli zabbeli Huschpa droof. Fik pfuri bökti mak Magurza tapla kas. Schibi huschpa sorfo hinu Pinigögg. Lafri foggi, zirrli tubi tuh. Hik maglo foppi zuri dudu, jakla bla bla pap. Hugruh waga pokti, lufi tropi schu. Zakla suri Wooh, schagla Sebligek. Dopra fuh, gaggla Woschla hischi, zim paschi. Schru sagg pfarri, hogo Foschlo fuk, norösi bibli. Schrop pop raffli fikti, taglo horop zapla Wisch. Zagla süri Pööf, kakti fofli mok. Schrafi ulbugo wischo, plapla Zopel gak, zuschi pfuf. Laschi hofli muk, plapra trum Troppel fuph. Nisch migli fischi fopi Hops, kulpi drasla Wokihok. Lapso gogo, triffli samli fugru bo. Kalscha quieschle ripsi top. Hosla Wagra düdü, hoppeli plop ma Wusel. Orschi forsch pfifli ta Mukti rip. Zakla Wugro hupf, schafu Föseli rick mi Nuseli. Higi pfaffli Tak duggli rüüf. Schaso Müs, furpli naschla Gösaröh. Lokra doppli Huschrafoki, gisli wipfri Tüfitüf. Fosch ra Tukla surbo, figerli gusch mi Fok. Moseli Posch mi gröfel, tufti tuhgri Hoschki fari plop. Mogra pfupfi Tüfeli fusch, zigi masch zari Gocklafigi rischli. Ofla Sorpi jogru, didi pepli pepp. Zak fuz la Turzi, mogli pögli ta to zuz. Hikli

Plöti Zöschri folpo gaga. Zaschri fegel dede nukla Chnorpi. Faga husch di pusch, sum Luscha borpa duh! Mik bah pi böh, pipla Blosch kurusch. Wozla wuhdi Quasch, silpi Gröslu lofri. Magurza kok paff tamsa tuh. Lopla Waschra pak, naschi gluschi sumseli tei. Luk Masapi schorgo Roggli filpi Narawatsch zosli Magurza!

Kuwa tipeli torggi, quieschi firli fofle mukla sug. Gimli Rügötöff, hogu togo rusch. Zamra mozi ulschi fudri Holadula pups Mikruh. Olpe Tolpe figgli nik muschri Fohrgi. Gara Plefri zuki, fifli mumpi dodo purf. Hogüri nuk pfari, dü dü plok fohk samsala Plams. Schischi Fluwadel pfipf guflu taz, nok zak pfuri dödö. Laplo Wogru fufu, pfilli Gruz. Krusch nakla Pfuri pökli poof, Holadula ruk toggli wuz. Zifli tufli pako Fusch, mehge Zulggi glöschwi dada druf. Pik mak zul Groppel Takti, volgri Toschri fuhla fuf. Norgopoff perubu bobo Bapli. „Hischi fatz pfuf Mugluruf! Odududu fudlo Mökti, fagri Holodula!“ Opozoli zafru Föfli, mik Holadula traflo Norgopoff: „Firischp zigi Norgopoff, durli Köppli?“ Schampa nüglü pöppel di Föhp, Holadula zirp taskmadu pabli Fakli. „Hesche meh geh, Norgopoff! Fik la dala pfapf, zik mo dufli!“ Goro mok lopro doh himli Gitzli. Schnagaraff, hoppri hufu Gagla paff. Treschle chnusi plus, nakre Tagri buhs. Himmli Firlipus guz ma Gfrifri. „Oh... hügrü Yogrüh flusch, pavli nofo

Loschlah!“ Magurza funch chribol, zuslo Pufrotti. Shese bese Holadula, wiks Fluwadel, tifli lökli Magurza:“ Schuk Oschra piff garli, fruhdu kuk mi Frasch dohf.“ Dada Yabli bublu frupp, Holadula sursch:“ Jögö dödö pöblö mik, wazla guschi Fluwadel?“ Nikle trege fusch, zosch ma Plurli. „Giz Mogofludi, kak rappa Kloztrof zurpi!“ Schigli dulaf dai, Fluwadel fok tribbeli Magurza tum fluk. Uschra fügeli flögu Burzel. Zakkra tak rop flobi, Poktrolo ruktru ruff! Gaga luschti, Norgopoff hula dupli. Jagraf taflu zimli poro pak, zafli Schneduwa kaz. Hos moli Wotz, fafa fifi gugla mozi. Kumra puwa Pef, kul Bröhsi weisch. Nasa lifli hops, quilli tilli Römbubap zulu gusch. Zusapi Fluwadel gork pfnisi wakla Göferi pum. Fohlo wuk wuk, zimli patti Brusch, was Holadula kimli koschp. Misarimpi tuf la Gasch, sama Quaschipek zagra Schagaraff! „Komli fludro Hops, gala Kuhzi Silpedretti! Magurza! Waschra hup la purp?“ Schiri trasla Pluscharöse wek, Magurza dupli bobo: „Misch Loflo Gurk, ziri Schagaraff! Wusch lipsi Plumpigöf, zim zaki wawa Fluwadel!“ Oh plepp Schraguk, samsa Chrusli.

Chnrasli Fluwadel, zirggi damla Norgopoff fulli knarz. Ulpa Tulpa safla Fluschi, görle Föhrschle mak wa zuph. Hisi wusli Tamruf quaki, flodo Dolfro Moschuwuz. Gisi oschra tubu lukli, hadla dadla sibeli fusch. Mik schnu Gufli, dafli Zookli, förk lapari Tradlawuz. Himli zifeli Gakti, lulu lala lipli tschimpi Freisch! Oglo proof, kakli Wuz mi schnirp. Farga zaga ho, kara wudlü Böbö bap. Ofra guzi Pflok, Magurza schlifri schlasa Tull. Kese pliff Holadula plempe Fluwadel. Lasch tem Röktöpök, zimpli lasch ra patz. Gisch la Subru Bappel, fringgi toff! Saschra trak na wusch, Krapplö fudlü fum. Wiz scholi gasrü zolli Perschke, knadla Quiesch mischofli hadla töf. Gischpeli grufe Troppel, wazla chnuru Kraschp zik malü. Fitz bobla boppa, bla bla suflo bumm drak me tak. Holadula wiz zulli Magurza guschpi dusch: „Waschlasa kilpi tim tam Hudloquisch? Emsa sifri Dröschel, karla Mumpi schiz fakla Holadula!“ Lulu Maschle, fukla dalla pam, Magurza. „Uschri hulpi du, dranggi Magurza zim floht!“ Fifeli fafli, wesel plampa zuk Holadula supa plapp! Hese regepak, nik juflo Yakti full di Wull, zampla gögi. Gimmli fim zam Radlogurz, gudla paschpa. Schigeri müfeli blök, zafri Nudla popli hum dum dam. Waschla pok mok, suri zirggi Fluwadel! Winggi graslu schluf, faschpi fampi lasch. Fluwadel zogerfili du dadel du dum. Magurza suschi Holadula wik pföse blö bla, pingg. Nurli quagg Norgopoff, schnurri huschla Fuk, zimpli Gadluso. Kuli ziffri, hauk ma pauk fizi Maschrupp zurp la Efru tusch. Waz magra fahla wasla Gögg. Nufli wasch rah gufli... Humsa tralla flumm!

Matan flums Mafuri

Matan wa plasan san Fasan
La duseli daseli dum
Mafuri wa suri fil Knuri
Guguseli raseli kum
Matan gurk Mafuri furi
Gigeli gageli ho ha ha
Mafuri jola ladi duli
Bum Bibeli babeli yu kumba!
Matan waz la sipli Fnudi
Trischpeli trusch wa zulpi wuh
Kik Maduri fips am Plusi
Döseli taps tim Ruschpi klu
Matan fipi fopi trulla
Goggeli Gogs gu gusi gix
Schims Mafuri fudra Wulla
Nugeli mops mu Schiri fiz

Nufruzi sam Zufri finggi blopp

Hala dala fuhgi fnalla. Hulu dulu Trafli dusch. Grüfti finggi jak mak lakli, ulpa trulla firli fanz. Lafla fuli ofri suschri, salpe dalpe Röschple fuk. Urbo babla bibli bublu, fadli Vodlu schramsu tum. Gügi kaschla Plampa, faz ma gischli Waslahup! Nuk mi zirppi flöwe trepple, radlo wisa förpo Flusch. Tuschli fok la Huploh Schraklo, pfiri Pfarri hau du duh. Was chnadi Radlö muk wa dreki? Fosch lapri dapri zumpi dru! Giz mizi flupi dulpa Wuh, gaz Trüspel guschlo pim. Gasch rassla Taschplo Pfudrahu, kum schrampi tampi schtrimm. Gnu Wusli wulli wadlo knisch, faz mazi pazi Geez. Kifloti potti daschro datti fogli vüglüh plampla fres. Laschti paschti pufri kafti, ziffli zofli zull da Wullp. Jofri zafri, schribi schrabbi, wikli tokli trampla Pull! Gidli gadli Gofrispitz, nibli ma bli wiz mi rits. Hudla sadra fischple bebe, seble bisch bo bubla buh. Poppla, husu dada gusa, kull di Pullgull husla fluh. Högrä gögö gaga daga, huk mi tuk mi fim fum fam. Wasch pla Schuri zirggi schrusi, pala dala Zalawam. Oplo hahu huhu haha, hihi Juhu hakra dasch. Kaschla paschla fuslu maffla, wischli fufo fafu fasch. Nak nak fori risch mi doro, fidri pafli pluschi mu. Zuk ma giri fidli didli, huldi duldi fulla fruh! Kasch ma pipi papa popo, pifli pufli nafli nusch. Raschli daschl hugerli faschli, kara plam Sisrümpi flusch. Schagerli plof laf lim laf luim, fam zulpi dulpi Quasch. Schiz gügü Rossi fulpi drossi, fagla dagla sampa plasch! Jaf naf kari, Yogrü gogi. Kak mak lakri tak tik lik. Kraschpla faschri nuschri saschri, hischpli trik truk tröki trik. Nahra zam bum , bim bum bam bum. Knulla dulla hüfri guh. Schramba zam pla figru Gamblu. Fok mi tok mi Taklutu. Hebri bebri firle suplo, kirle birle him ham sum. Schnek di Bek, faz Laxlo plaschlo. Tim tam tummri gofri gumm. Koplo Vlaschi, dudla Taschi. Fiz mi Gotz fak furi Guhz. Flamla guschi, zimpli Raschli, fok lampari nurli Wutz! Fodlo Motti, kogi hoppi. Silba Schnofli dürlüh gaz. Fidle didle vasla kniddre, mazi farat kazi Tazz. Schnada wüh, muz wottli Trothi, hikla buschk mi Trölpi trasch. Hakla fluri, wizmi Fluschri. Solba supla mik woz frasch. Gigeri zok mok, duri fam Plafri. Forsch la dula lala pah! Fideli foz groz, muschki nuf Laffri. Hadla dadla Ya yuh ha! Zigi moklo figri kok. Waschuri pisch Luri ram pam. Ladru laschpi faschti pasch. Kum ruppi tum bubli blim blam. Zoflo roflo kam ruschloh fim fim. Nak tüfli rum Süschli wudroh. Scham rufflo zim Tufflo kasch patti zuhm tim, flum bublo schafrublo zum Bro.

Laschpi lufti Krapplu bubli, fikti fakti Fluwiduh. Ziberli zabli husch fum Gaki, nak lumbaba Schubidu. Wik wak sulpi dulpi knacki, volvo mati Pfarlifuz. Gruschpi nugra Zampligaki, förli dörli Nadlawutsch. Schimli Tisi, mukti Baschi, wamp la du da di da das. Lapa Mapa zaschri Fakla, firli glumpi Nuflawas! Uschpi Rudli fögli zurpi, nak nu wazli Rimpisum. Frischoletti pak la meti, hörli dörli fum la Pumm. Feigi ruschi sam su Trullpi, nok nak nigi Zifri dus. Waschla pischla, furgo Kleeti figi fagi Huschli fuus. Knogopati ram zum Röki, sörschi Törschi fladu Watz. Knim plim publo, Fakla Zuuri hudlo dudlo ram Zawak. Fosch mi Goofi, fasch mi freili. Volpi elpe chnusa düh. Trampa plotti chrösli Muschi, wak la pak sam Schüflifü. La la Fadla schirpi dirpi, knak nuk Sufla hoppla plum. Hudrü gaga dada füglü, Schrumpa kofli Rumpla sum. Neischi beischi figi Zoffli, hok ma düdü mikli Potz. Schnaga Wuguh, sapla Yofro, schigi mozli Fugelhoz! Na ha da ka wik Wumzotti, hugrü Gaggla quaschi mu. Jakla pafla wumsi Dolphi, hugrü Faglü nuhu Puh! Zischi Floschi da schri pafi, noglo Wusla mik di wak. Firggi foschi lafri dofi, nuk nak blabla Zibelzak! Jakla polwi nurk fim Raschti, hoho haha mak mi Schras. Wigi wotti dafli zoggi, musch wa Guschli schram sum was. Saplu Gogi humsa Plumsi, wigri mökti wisch sim fum. Wuklu Gogo, zaffra dufloh.... aschi kumli Wuschli grum. Traschla plam sam knöti wudli, poflo pafla pif paf puff. Hufri dufri tak mi Grasli, schigi mozi Schnuflo gruff. Speik li möse, wöse Töse. Figra gluggi huk mi flop. Watzla Quaschpi zurrli hopfi, ladra lufra Nopidop. Hischri lufi Naschri gafli, weisch mi pleisch ra Zum ra Zak.

Hofi rofli schagi Schnofli, migri mugri mokra Schrak. Faga wuh, gum Zömli muk, wi schripi trippli Grumsla. Faschrati plums, gim Zöffli tams, wugrati Lafri lu la. Scheisi beis fum rik mi zokk, was Lumpi dumpi Boschka. Fiz mili Grüzzli, wak mi Pfupf. Ram tam tim tumli luka. Hoschra dulpa Surschi wakla nuh. Zamplifi Göpfh ma Tussah. Nisch michli wisch, fasch laschri kosch. Trampampi somplo Kussa. Krasali dali duli Röppel. Mirögö zogge eple Trumm. Schna wysli pisli dulpa Hölpell, gak mi fukli schrumm. Misch gaga Noch, faz la lah drus, gölöfi Lufti Bruschel. Ulupi olpi fadla tams, giz Moflok zurpi Zurpel. Uh schrafla Wulpumoko tok, zik höderli döderli mifpi. Schak rasla Tahgg, zak plascha wah... Waz Quaschpi zuhli Wimpli! Igöre Möh, wasla fum Rusch. Jogrifi lafri Hupsla. Kuschrafa kokla Wulpi woh, zilgrati maschri Tupslo! Schir guschpi plim, wasch Raschlatasch, ufroh da Tasla wuk. Odrola knöps la draschi hops, fik jufri Schnufri zuk! Firimpi wos, Waschrumpi das, kiz pilli Gröffeli tofi munggi. Nisch waslo Patz, ran Fluggiwof, schik mili la la Plönggi. Jak Mauschuwas, ulupri kos, huslada dada Koppli. Ulprafi röfti Schlisiwiz, nuk nampa Wampas Woppli. Ilipi ruflo Elpemek, uschrafli Tafli Födlö. Husch wasla Guzi kurpi blusch, jofridi Tidi Lumplö. Mak miki piz, flu Fuffli duh, Waschrisi döslu Foppli. Huk muk mi du, wak lak mi Grasch, si Lupri dupri Raschla. Pif Ringgi Pitsch, paf Runggi Plaaf, waz gilli fidli Mukli.

Uschu Ufradi dodi dudi Tasch, zu Papla supla Gurki. Ene pleme Weschriwuz, waz Laschra duli Forrggi . Pasch nando Wuh, kasch laschra poof, kaz pilli ziffli Knorrgi. Hege Gikli Faklo Wuschti, smorgo Plofro duli duh. Efloh makti Rakli Pakti, Traflulodi drum zuhlu. Kloschri Trasi, jakla Paschla, firrli Gurrli Hoslapiz. Irpi Ofra Haschra gazzi fischi Faschi nuk Lapies. Fürgü Zmürgo Hokla Pfuri, goflo Musluh wak la Patz. Ulpi Dolpi traschi Raddli, zuku ratu Niplomatz. Chrusi Busli gügerli Mötzi, Högerli mok woh güf plasch Raz. Zirpeli nichti pfurschisch umsi, waschlada Fums kum Rizzi prok. Doflodi Traschpla, Roklo fampi zuli Sipperli flischerli zumli Flok. Kasch para Zampi, mull plullo Reischti, fam safra Schrisi zim plom Pumm. Usch flamma dali, Goof Trala halli. Frek leschpre zamla, pfuli muk. Wampa Tirggi fimpi Gukli, wasamo Plaschruh zum Wideli tuk. Hu haha wa Raplo, hi hoho mek muk. Zu Laradi Tafloh, schums Raffli fum tuk. Wisch plischi fam Rischi , kum Raschlah sim Trosch. Nusch rafla schrim Zafloh tim Tirggeli flosch...

Scham Fügrüh zim Zukkel, tam tumi tum tam.

Fim Schlafra Düllpöpri knull Ramsel zum zam.

Fik fusli fum Gufloh, schiz mukula Tuhwo. Zir Potti wasloti, schram Sagla Schrumsoh. Jak lafra duf Dulli, zum Rappla kam Tasch. Sir plopi tum

Foppi, wusch Lusloh tam Knasch. Tum Röppeli pom Papli, tam Ruppelio zum Quak. Fim Zirppeli fim Gurkla, scham Surifuh zak zak. Kom Bombsi Juschrafli, fig Dürewüh rum Busch. Yefridi tudi Toflopat, nak lafri Tufri Gok. Schra Fudli düdi Tadloh pan, zik zuffli nurpi Nohk! Fisch Rizzi pik, namufti Gosch, wiz Pufla tü ta ta. Zum Rappla Glosch, trusch Löfti nosch, zim Zuki Tuki Rah!
Strum Wuschu Wuh, fak lasi Mier, zim Zöfflibök rum Weisch. Trem plem di pek, Wamm zum li rum. Schik Pifli pafli Treisch! Ulapri dapri Quaschi pus, fumpullo dulla das. Olopo Troloh kakla ploh, kisch pischi Waschla pas! Nuk rumso Wumms, fik Glischi Pip, mak Lüfti düfti Chrosch. Tasch fa lala schrusi, tafla Gaki, füfli Türfli Grosch.
Schik misi plissi, Wakel puk. Ram zuluh Muschri Fauschi. Ereple pek, trum dukle tok, Kam Schruso Pluso Wauh schri. Foglopo rappla Wuz wum puff, kam Plapla Taplo Frukel. Surese Pleschpi flufi Goof, tif Tafli tufli Truschpel. Hok pfusel Dusel schimri Rams, kam ploff Toff kafli Hops. Fum Olbofufi zafla Kams, Schram Gaffli tobli Tops. Schri Fiselgurk, rak trak di Pak! Flasch Gurgel Pargel reischpi. Kosch Zakla Wak, nuk rakla Schrak, nik nuru Pluschmi Feischi! Schik Garamü, waz Dusloh rasch, schu Wudloh zinggi habli. Schrum Zakla daklah tim tum Töf, waz raschli Pischli zabbli. Fasch graschla figg Foglasi taf, blu bla bli blubla Reischi. Ulupra hop, zam Kruka

Plogg, nusch Laschwi zaschwi geischli. Schak gafla gifla Trulladüh, wusch plapla Elpa Laschri. Ulapri Tappli Wuschlaflüh, quaschrisi disi Raffli. Scham Zara Wuh, fum zahra das, lasch Piffli riff Zumzakki. Lak Walporoff, kim Zillpi Koff schnu wah zam Ruki pakli. Gogo Rapplowak zim Duh, kum rigi trigi Waschri. Raschlupi Zamplah Trulla hoo, zik Jupi dupi Schlafri! Hei Gulla paff, wik kuk La Prasch, fim Giriwiz zam Roggi. Plasch rusi duppli Waschpi wuh, du laschu dras fips tam Zokkli. Luschi wuh, mak zilli di rumm. Wagri hichlo Plotti wo. Olopsa dödö, migeli Duseli tum. Ularappi zuppi duli broh. Schabi kufi zibbeli flurli. Kasch mi Rimmel Lobloh qua zurrli. Yalafra dafra tum mukri Tuwah. Flum zofli kim rischli fum zischli ruhzlah! Olgi folgi daslu Patti, wakla miri Zikmolei. Schnasa Wasla kik mi Lapli, firi dudli Folpi schrei! Flidi Molfotrof, kik mi Wudlu rusi. Dasch mi Zufru Tuff, schnasa Quaschi Blusi. Maschnugi huludi tam Puddi fum puh! Kalippi zam Trippi nuk faschla ti Wuh. Ilpi Ulbafik, zimli oflo guk. Dodo dasi Dusel disel. Nabri chnabri nurpi fuk, fadel fudlo nudo Fidel. Lischmi Trafi furgi Dasch, wakla Hodlafugi schnaf. Tragli pagli Pogli pagli, rizi pizi Schrurpafuf. Zogla pigla wagla schnirri, fagla Vuvla fikla Schruf. Masa Rüzi, tasla pagi, Mosirisi pip pap puh. Yafla lüfri, knaka slawi, daschpa Zufri tup Tipp tuh! Laschli patti Riki Maki, ulbu Trulla trilla trull. Zakli pakli, schrupo

Flaki, fagla pif puf pafrah fuh. Kakla pakla dif dof Dufla, migi zifli Ruschlaplem. Gereseki schrisi Spikli, knasa Wulpa frischi kremm. Noro poflo rokki zokki, rafla difla dufla Summ. Lolo loschlo, laschri Luschi, hufla hifla hakli krum. Pischli Wischli yapli tapli, nugra tufla Wörsepfui. Lifli Lafri lufi Kafflih, Gakra guk fum Grusa Schuii! Hadla pam, laz lisi Piffli, nokla wazla Quippifip. Schrasa Lagrüh flimi Troppli, muz mak Misupati tam. Lasla düda digli dogli, huzli Wutz schram Zümmli ram. Joggli Fopi hakli taki, Tramschli kam lam samsa Schram. Jufu Tufu dada gaga, hiki fiki fak la mak. Schrimmli simmli susla Sablah, schibri fagri Trapla pak! Heisa grapli dufli poko, Dafla Tipp tup turuh tak. Helge relbe Eifrupaki, hifli tufli Dörggi fop. Eifri deifri zik mi schakli, Zurbo turbroo zarpa klop. Laschla luschi lupf Rapulli, fagra Mölpi tim tam zum. Ulaf pulvi Trafli Chafli, trippli zappli ram pam pum. Hogo Moschla subeli paf, ka rischli Raschel Guschpri. Schifli schafli tram sam blaff. Kum zifli zaffli Puschli. La lulu du, tam schufla paf, kim reisi Peihschi muz. Zam Zuluf rasch nuk Nörbeli urps, lisch Rasli zufri Puz. Kim poropö, raslafa Schrimm, fuguru Däffeli kisch. Olfopo zuk, lischisli Risch, kiz pazi Schischi prisch. Rafli Schnuk zak girli Goh, nuflomo nikla Sulph. Karafla sumsa foiri Schief, schna Furpa zilli pulf. Hoslada dah, waz Güflüh mok, Schnawodi udla rimms. Schifludi duh, ramudi plim, wuschiri sifli fims. Kosch latata, taf Laschri Gusch, wok zülli Tülli kuk. Tram sa sla das, was Wuseli duh, kik kusi Pukladuk. Schrim zippi zopp, kam Plamra Schrof, tif fof la Knora fof. Rasch jaggli Zak, fusch Rattli mak, luk lifri Schrifli Toff. Fik Möreh wöh, juf Radlif huk, zim zirri Zapli Tappli. Schru Safri duh, kik Maplu rum, tif faflifufli fafli! Huh bruh bubruh Wabra brah. Kam schi wikli Tramschi. Lofro lafra Loschrah Mah, Huschri hischli Hamschi. Gik Motowu, zik Lotha fam, rusch Trufla pinggi Bröth. Nak Mufli duh, kim Miriwisch, tram Wulpi Tulpi plöt. Lasch Mafra Pinfuwaki zam, hik Leih lalulu lum. Trasch Plaschri pif puf Pfötel toh, zik Zakel li pru tumm.

Schoklo Pokh, kiz Laschri rusch. Mulagra Fahgra guggli. Ulupruh guf, laschra Tahta. Wisch wuschi duschi Wuhsch. Kim sippli sabeli Subeli suh, sche rempi Temla Tötah. Zak olpi Tolpi trappla Wutz, schum wifli pifli kiffli. Tam Töfli Tufli hufli ruz, kam Schruzi luschi Lischri. Kik Lakla Pusch, wak Wuklah reisch. Figrösi Mösli Pusy. Schri sagla wagi, zum mi du, Zafloti poti peisch. Jasöfli Piggli Pöggli pugg. Hokiri schiri Wisi. Tam Zöggli Föpli dapli Kök, nik Karasum Lumbrisi. Lisch Moti wuz, kuk Latti pak, zuk duri Duklu Plafti. Zuz Lapriguk, guk Elpemak, tuf tifloh Sikli Faftli. Johri fafla fifla fufli, schrampla kamsra elpe Quasch. Nik nofiri Trippel dudi, dapla Tudel dibli Dröhk.

Ziki zoki zak Lafudli, rappla Knulli Zurpel köhk. Laschri fagli Fögli Löschri, lusch mi duki Zaklapatsch. Krischli kraschli zakli faschli, kischi nukla Fraklatasch. Koriduri huri pfuri, fugo Lotri Firliwums. Schraga suri, zumli chnuri, wippli wappli Wurlidums. Hippi hahpi Hupli dufli, Happla dapla Drimsrum dams. Zirli Quaggi zamli zufli, schusli dusli Rimslirams. Fig ma kuko, waggla Gufli, wögeli Zurglo Gagla pisch. Nak ma Forschpi, zirpla Röki, durla Mufra Zirpilisch. Schasra Urpi durpi Quasch, fasch laschi duschi Burploh. Trisch gisli müh, wak Lusiruz. Falüpa pipa Schülfoh. Wik miki piz, Gaschrati zuz. El pepe pipi Puplah. Ramzufli schis, Kuschrati puss,

Nuflepe zilli Wuzzla! Gisch musi plussi Gök ma Höpf, faschrati Ulpatrulla. Rik zulli Fuplah, schnarka Höpf, chos Pluschi Fuglohmullah. Hiz schiri Föph, zak luschi Brosch, guh Gluggi fukli zeisch. Kam duschla gnuri Zafrikosch, puz Mulli fuli Chreisch. Kusch Furli quagg, zam Ritzi piz, gusch Mufloh knafla patzi. Waschlati lopra Dihli zum, Kusrufli nuschloh Wazi. Kifludi draschla Hurum Gai, vitz Flaschwah hafla daf daf. Husch roggi möfli Guschti wuh, kiz Milli pilli Kaflaf! Jak sasli fuflo Düplopi, wik miki Taklah hops. Wagra Göremöh, knafludi Pruf, jorittli Tattli kobs. Schah Guri wisli pi pa po, Huklafra sulpi dufli. Kok Zoro muff, fik Traschlapüm, nik nuschli Puschli zofli. Muschlafa olpi Tolpro pip, kam suspa salpe

Schrobbli. Kuz muri duh, gisch plimpi Zisch, wa plümpi plumpi Bubli. Scham sasla fis, Suslafri sas, kuz kischli Kifli Krafli. Losch laschwah mok pfak Laschla dasch, zik gogo Flohwoh schrafli.
Hogo wogo Fuschlapiz, nuk furi guki Toof? Hisch rigi zigi Nafragak, zak lakri Plofogof. Wik wali plundra Schribisik, fak Laschri lufri Mukti. Wom Geseweh, tak Lagrogüf, schik milli zilli Wuchli. Ulupa Trappa Waldrafull, bok boli hola duh! Goz Molli pups, fasch riffli hips, fam Zülpah ziri Kruh.
Muz volli Baba buba bi, zak bibi bubi zoggli. Hisch rippli zippli Schruhso paz, Wofladi zurpi Zoffli. Hu Jogru Fabrah zugi du, fik rizi razzio Plokmi. Zupf Schwasumpi sampla suri, huschla gara Woklifok! Uschu husch, lu Schruhso bruf, hulufi dolpo Razzah. Palami gnuf, Wuhlami praf, huk hiki haki Hazza. Schlawasi tasi pfurr lak Mak, wolimpi dim pi gruf. Schwalumpi flumbi fusch rabas, kalah Sulpa fulpi fuf. Schük Müsimei, zuz Grulpi wuh, efrede dede elpe. Kakludi dums, wam Schrösöwu bib bubli babli bebe. Kik mirri Wopf, lum Schusu pleisch. Jamfradi dadli dudo. Lam plampa Subloh wik mi fum, schum Robbloh goglo Dusloh. Jofirggi kim schum Tröppla gums, waluti tudi Tumploh. Hik schusroh feisch, jaf kudlo plum, nu blubi dubi Bummplo! Mak mukli Puk, gim fösi dös. Husch raslah hampi humsi. Kusch lasi gasch wa Zurri fum, schik proklo Gufloh kummsi. Nisch feschlo fasch la Schasrah göpf, wos limpi zimpi Zamph.

Ruzwiglief flisch wams Duflohpak. Wasch lampi, bampi stramsi. Hu Glürüf plump fam Figroh taf, huf Luschri nufri Famsi! Jak Lakri mok, hoschlo pudlo pusch, rik mikli ulpa Dodlah. Guuf knurri Wuh, zim Pappli pam, schrahguzi tazi Gafrah. Guz pfilli wik, fasch pufli go. Jok Labri lobri Paflam. Zim Gülü Wümm, fam Züllüh was! Schasrotti guk lo Parsho. Schik fasloh trum, kam Külpüh wasch, husrampi trampi Quaschlo. Hik lifri misch zum Fülschüh kaff, nak makla taklah hosbi. Gisch rum pawei, zak laschri Gafh, wum Tramsi tumsikei. Jok Lofrosum pumm dafla strum, la li la lu la lei. Lusch püsi Buhs, kam joggli Zwagg, schik pfusi grusi Makle. Tam nuki zuki Olpagraf, schak nasi husi Fokle. Isch piri kniffli zalpu trum, zok Weisi beis hik Lapli! Feisch josi chnubli Gruslapis, fik wozi potzi chrabli. Bu bah bu bi, bi bübi buh, rum zumli Quaschi babli. Yok logro Fobro zamsi flu, schuk Laschmi graki Zikla. Misch pusa Wuh, schak Liki hups, waschla pik lukrasa tikla. Schofli tapli zamu Drifti, fik muk Lagramüfti pisch. Lugra mük fuk Laschra patti, hosla dulla Nuramisch. Heisi Lodla piru kuti, grufla Puuf jakgari Pam. Kiki olpi asla Wappi, scham ru Dusli fimli flam. Lopi Trischli kak mi pufli, fogra Hudla pimli Quak. Zigi zagi muggli wakti, röbeli Töfeli fim schim Zwack! Lipli lapli husra Gaggi, Schneidebei wuz wisli plum? Schus ruhk zabli wiggli Fabli, schrasa das dum fisli fum! Schogro pogglo faschi kaschri, hischi mok pok Tütatü. Yakli zak, Wagrüsü plüsü. Humpla füsa fusli flüh! Dagra magri ziki zotta, Hudlapak zam zimli Gurk. Vigo Letri trabli kulpi, schrada Chrubo Niklopurk! Fischigröti dama Zötel, hisch li Gak faym Zurri plöhk. Flawi sagi kuwi Schragi, jogru Zottil guschri Duh! Tapril kuslo fliggi dodlo, Mögeli mak sursalpi dru. Hese Miki zimli Fotschi, wikli Wotsch fam Gufli flasch. Raggmi Furschli, fik mok maki, rammla damsa zupla Pasch! Higi Moschi, drull map Fafla. Hik muk Pluritütel fum. Plischi gaschi, mak lum Knaffli, guki daki Dötteldum. Kuripaki zahra Mukli, chrötepö gusch Lappi fu. Nafli Takla wegrü Schrakla, mischi Pifludada grum. Mögluh pifli pafi Wakli, Heidireisch fum Zikli fruhm. Hok lak Rasla, gufmi Zaffli, schiferli Grafferli nadlu pisch. Kokladula figri Gaki, la la ulpu Schrusloh fenk. Bippi Bobli babluh Rakti, förledaz muz Elperich. Jogeli Hulflah zagri Paschti, gugru Jafri hipi tiech. Lola lulu lalu Gaglah, hifri luplas haschra Kaf. Nogel pogel du da Grappli, valpa zapa schrigi Schraf. Wasluh gippi, tralda Supplah, gofri gafri Hukmadruff. Schnirgi googli gafli Wohfli, firli Furli ulpa Wuhff! Urpla papla figi Mozi, durla gigi Furdablei. Schnagra gagla huki tuki, Schnubidubs fam pilgri Kreih! Zasch mi gugluh, figgri Gogli. Klak ma Tufloh firli Puz. Alba Ograkifli rubli, zifli Dubri Noglafluz. Maschru fapi lobri Zako, hops wadurla Wibliwaz. Schrufuluri zabli Mokti, schorpo dofloh zimli Quaz! Schirgi murgi Zoffloh Gurko, hippli dappli Famsoburk. Uschra Foggi dudlo durki, muschiwu kum Raschla Plurk. Hippi doppi Kukladuri, fufli Gurk sam Plaschliguz. Zimpli olpi guglu hopsi, Schrargazuk mi Firli Wutz. Jaka Lafri fufo fafa, hafa dafa lafra Fum. Schorgo wupsi, hik Muklafa.

Chruso Plodo zipplo Zums. Hei soplott, nak firi Kuklah, hege Gröflü wurgi Pfum? Fagla gügü, pifli Plapri, Schafla furgi Quaschli teisch. Hirsi pirsi Joglomofi, furloi zugmi Faplatüf? Ops mak ludi dudi dumsi, Schifli Tofli du da düf! Klasch mi Foppi zurli Woppi, furla Chrabli babli fum. Ruschpi Kischlapati puri, figimüh wam Schnufi rum. Huschla pufti Fakla pascha Sulapatti zupi Gusch. Firli Wubbli farli utti, Mopsadura flügrü ripp. Schifri schafrü elpi delpi, Knaschra da da di di pliph! Heisa Flusa, wip muk Wasli, salpi dalpi Tofloh kohp. Haschra gaschra simsi plim, wu Kolbi zilbi Triff. Olporok truk Fabra Magra, schiflo Fudloh Niplitik. Fibrigügli Gagla Sabli, fuschla babla Ripisik. Ulpa suggi Fabrabaggi, hoschi wudi Fiblipak. Zulbi Tubli tabli tibli, firgimosi Schnadrawak. Jufri Fuglo pizi, Dawudu bubu Ziff. Kakili widi Rampla, schnuf ludu Podra fifli Riev. Urup lala Dirliwanz, wak Rappla Kukmi duh? Fisulpi Zulpi schniri titz, kum rasla daschla Wuuh! Fik Görpsifis, mak laschi gasch, wuz milli zulli Truppi. Schak Masra Watz, kisch filli pisch, trum busi

Basli wulpi. Hik Mosowo, drak Gasma far, schik Muzli buz gafrati. Husch Chraschli Wips, guhs Mumpli Fras, zip Muschli wisi Schrati. Heis Muhl di Wuz, kazmuri Tras, wisch pisi furdi du du. Paz Waschlagas, hek lese muz, juk Pfuri duri musluh. Schasch puri Murglo firpi Faz, kisch Lotti Foppi Traschla? Kusch leizi peizi sum pum dur, fim zimplo Forgli Huschla! Feisi Meisi rukli Putz, wampiri zuki Rugloh? Hik Lischli wipp, Zamturo quasch, lifrili Wischli Wuschro. Zum Raplitam tum Rupligurk, wisch la la dula dipli? Schif rulla tregma pelke Woff, schrum zalldi Walldi Firpli. Uschu huh falpo hifri Gull, galmiki ziki Zofli. Schramzulli Wuklo Darschi pip, fürgloggi Foggi Tofli. Juglo Gugloh pirli pik, rasch Lafti kraschla Wufti. Schurufli Bolldi dudla Quiesch, masch lufti Folldi Faschri. Ulpudro Woschla Gufloh schrok, schifrafli dalfi Raschli.

Juhuk fahrak zak Gipripik, nusch Ludri pfudri Ploti. Juschrefi zeifi Luschma kok, schuruf la Dulla Moki! Ufru dafra diki taki, lugruh wilpi hip? Lischrupi dupi Trulla wusch, Muschrafi zuffli fip!
Keischli Fuslah wipp zum Drull, huk dawa Chnurschi lischp. Hugrusu Buzloh Woschri mik, firösi Töschi Wischph. Laki taki tuki Tulli, fudra Gagla gigla tüt. Mukdi pukti Firrlapippa, zumlu Chrabla sulbi Schrüht. Pugi ruti Quaschmi chrums, waz Dusli wuslu huschi. Pagiri widli Wamplah kums,

bu Babli bubla Ruschi. Schi mogi frosli Wutzla knusch fisch rippi Tapla Wudluh. Schjafrafi nagri kakla pasch, zum pischi puschlo dudlu. Gili hops, was plaschpi tuschpi kums. Ole Wogg nu Sumori poki, nuk fuslafu firi Zwischramök lolo Droff. Feigi bubu Baschpi, nuflo Zimibappli tuschu Chrees.“ Nuwugi tam lum lala Hupf?“ Zigri motti wuk lim Duflohpak.

Scheiri Gumpuk kofli surpu Reisch, ifli ori Sompi tik tak zuk. Rupligurk krisch dubu; „ Waz Quaschlirums ulpi dulpi duri Tuph! Figi Mirokoff, wuuz Traschlipiz volo Yaschri!“ Hisi bums la Rums, furchwi Zimpla dimms. Mik mugi wuh fasch ma Laschri. Buk bak birri plim pim, suffluh Gags difli wags. Hei husch la duli döli kuk, fraga Wischmo tulpo bum. „Urrba tafli knik di Wopp, Pfüri gugu pfoschi nuk la Masch!“ Haschla zirz egeme Ploff puf. Horsi Tramlapasch, hugi Dattla mak mi muk.

Husch Wasluda gum

Föglö pischi Zirschlipop,
högo röschli Fischliflott.
Noglo pfupi Guschpera,
trogo Knuschpi trallalla.
Impi dampi Gupfmadu,
nimi schlampi Laschpadu.
Hohrli forli Wüschlapip,
zohrgi forpi Kürschlafip.
Dula foppla Gurzu waz,
holla Mopplah Schnadukaz.
Gischpi Yoschli nuzli flum,
Ziplifuschi fluz wu tumm.
Noschli turggi Hoslimoz,
Froschpi fugli Torgelifotz.
Kakli pukli Nulgrotuh,
Schagri schufri Fuldi muh.
Nukra schifi zilli mok,
ruschla Pifli högerli flock.
Froscho zulpi Nuschla du,
Zoschpi rubli Döschwadu
Fludi wudi heirassa,
pluschi muschi Finkaka.
Gizli potzli Rösiknusa,
filschi troschli Hasra Puhsa.
Trulu podloh firli fik,
Wuschlu huschli tig tag tik.
Koslo putzi Gagla wüh,

Notzo schnudi Zurplagüh.
Lusli lafri Lulu bruski,
Fluschi knabri tufli Ruschki
Naga daga digu ramli
Zaga flaga flugi schamli
Nuki duki daki duz
Flaki kuki nasra wuz
Zigi zagi zugli pok
Ribli rabli rubli rock
Laki daki duki duh
Maki muki Muschdi muh
Hasa hosa husra wuh
Schrasa schrosa Schrusladu
Kik mik pik pak polli zolli
Nik fik zik lak Lollivolli
Zara zula ziri gik
Tacha tucha flirzi fik
Wasla gasla wisli dei
Ulsa Fulsa rischi Kai
Prösö gösa Rappladum
Flösö schnösa Flap zam zum
Fisri mak flam guri zisch
Nikli schlak Pfnuduri plisch
Gusch di Nudla gadla plum
Husch Wasluda puschla gum

Giglagux zo po Pfurz

Zuz gulu Hopf, fara Schisimis fupla Trumm. Quaschi tams la fams, gigi gagi gugeli Zipf. Pfurz, kama Suschra pifli plem, kim brappa zoflo schala Hiksmidu. Hiri goschpi lulu frala Lamplafruk. Zahla Wüzmagü, orpi Pfurz kascha Yopeli doh. Fisi Görz, schnasa Wappla Murk. Dodla dudli daps, pfifti pofti Rafflepek. „Schuhru duru lala huppli, flök di mök famreisi Plumsch." Hogo zaki lakmi Schraki, geislo Pfurz kam tudli tum. Weze hulu hup Hablafroz, gischpi Pfurz in trulla Plopp. Giglagux irpi tamsi Furla Gax, maschrudi fudli Foks. Naschra wüh Joflutaffi, kala Plazapuki Giglagux zopo Pfurz. Waschla Grampis, nukfu Chröslöwö dams la Plams. Wigri Giglagux oflo lapra luschri, ziri Goof, maturk bla bla paps! „Oschmi foschmi Pfurz?" Giglagux mak zofri kusch. Loslo Gurpifeisch, tümi tami Tumsla, fubeli gus!

Schaga Muruf, zili lapla Luf, olpi Tolbi zara Giglagux: „Higri gagri pif paf puff, mikli Mokky? Waz huschru Fazzplati Giglagux?" Pfurz kams laki taki gusli weischri woh. Plaschla Wamms, kupla trapla firi Wischp! „Gotz lulu lala nak la Pak!" sums Giglagux chnasra Wax. Schusri gafla husch, la Lüseli püf Pfurz! „Wifi pifi nugli Noggerli huf! Zaschrati Quadrasch peng!" Op salak, zimpa Rüplüpik. „Schnari Sadri, gifeli hufu plufo pifi Paff!" Ol fruk rodlo, ziri Pfurz. Giglagux pfnöti

Pfurz kafla muschru Wuschpi. Salamoro hulpu, weperle pim tum tam, solo Rofkerli. Nohro Tröfi gichti Mops, fraschi Zaplagurk pfili gaga. Lolo Gaglo puf zirpi Schrus. Pfurz gamla stilti musch pusch. Ziri hops ka Wallazuli gosch ma rosch. Giglagux kaschlum Broschpa. „Pfurz ulu Wupp, sams la Wikipap," gusch Giglagux vulmi bröschti. Nukli Pfurz kek le pek:" Oschri dudla didla dadla migri Giglagux! Gugi gaggla Surph, zik la Muschpah!" Oft a zuslu, higri Gökk zif Zaffli. Scheisi wieh, zum Zugrahuff.

Pfurz fikri fuki Giglagux, lala Ploschp zaschri Taschp. Ramos Viddelmups du hepa ti daris elzurpi. „Kusch di Musch, fasch lasch mi gasch?" Viddlemups klafpi Pfurz, tams la ramsa. „Woschi rügi wosch, zala Giglagux? Mak traschla pam pump im, zilli Guruff! „Okla ruppla Purk, schiri Pfurz ma Nurz!" Ogra gogra giffeli zim, Giglagux fusch zaffli Pfurz, gigi gagla pluri. Viddlemups wusch Trummsa gax la Pfurz. Hisi gari guri Gufluh, schrak mi luluff! Sipum Dideldari du Kibimoll. Zodlo huf, pik puki pok. „Schim sulditrull, fada Giglagux?" Pfurz zek lek me Viddlemups. Higi Prufti Töppsel, quakri Gupf nasla Wapp! Olgi Molofrok, zirp Pfurz kamsla Giglagux, woschri plim faschra Wulpitoff. Gax rösch Giglagux! Karpa löpla lim zim Plusch, figi griseli Nök, faschri gasch! Schas reizi udruh Mukliwo, hisch pfisi Rischli muki. Kibimoll flikri rums la Dums, polo grafti Giglagux fum Roops. Viddlemups gaga pfori wosch. Korah nukla Tropopan, wik zilli Flupidrosch rampa Giglagux. Hisi Guschno pip zili Mopsi, wasch gusch wasch Gaschp! Nasra hei go lala duli du, figi Popidrop schrums la Pfuridu. Oroff titi tati lala luf, mik schigi lufri Giglagux. Kodro taschpi zafla pik tums la Ramsa. Schisi pisi Pfurz? Kneisch la Froll, gamlah guk wamsch giri tafli Giglagux. „Waz musli diri Pfiselpiz, schrofti Viddelmups?!" Pfurz schlufri gaga Gups, fupla Giglagux. Troschi tof:" Kum Pfurz hüdrü Wikipap, aldra Quaschralips pfiri urff! „Gofloh hu, meisch opro Tropopan! Figerli kik mik, zufli Moschrapfüs. Omsla gura Wusch, zimsli trimsi. Igimuz, Lurula zala trala du, fik mögerli pöp. Zugrahuff guschp Purz. Schigi Pfurz, lokri Giglagux zamsa Hamsi. Bibbelipip lomsa Tramsi. Kischi pfori quaschla feps, nuk trulla Gadradei. Olpa Nüglagüm susu Trosch. Giglagux fips Viddemups: „Wusch rappeli Göhgg pfapi trasch? Schuli gudu knumi Pfurz fum drusch!" Lifri goggo Pfurz, wampa Döhli fögh lala Yaki. „Wisli Pnurewuh gax Viddelmups! Elpe treschpi opf ma trosch, Pfurz schnaga sadly. Hisi gesere Wüz, muggi Giglagux. Schandra waki zulpo Arrasch, Giglagux fip wi düh: "Olpo zolpo Pfurz," zilli Giglagux. Nus röscheli kuks pfiri tuf. Schuri tam tam dufli wuuh.... Giglagux wuz Pfurz schimri suuf. Wazla gaga, kak mi Tratz!

Was ist Gibberish?

Über die Geschichte der Kommunikation wurde schon viel geforscht und geschrieben. Hier soll der Fokus auf eine archaische Urform der Sprache gelegt werden, zu der Körpersprache und Stimme in Form von Stöhn-, Schrei -und Grunztönen gehört: Gibberish. Es ist die Artikulation sinnbefreiter, fiktiver und lautmalerischer Aussagen und fördert als Phantasie- bzw. Spielsprache Improvisation, Spontanität und – nicht zuletzt unter Verwendung auch clownesker Gestik – das Lachen sowie eine ganzheitliche Entspannung. Es kann mit Kauderwelsch, einem unverständlichen Gemisch fremder, meist romanischer Sprachen, übersetzt werden, hat aber eine deutlich weitreichendere Bedeutung. Diese verbale Ausdrucksform ist quasi sinnleer und kann daher andere Ebenen der menschlichen Kommunikation aktivieren, indem mit dieser Technik, ähnlich wie Lachübungen, das rationale Denken und Gedankenkarussell unterbrochen wird.

Wie das möglich ist?

Der Verstand denkt pausenlos in Worten. Das menschliche Hirn ordnet im Laufe des Lebens alle Wörter bestimmten Werten und Erfahrungen zu und setzt sie in Beziehung mit bereits Vertrautem. Diese Engrammspuren lösen weitere

Gedanken und längerfristig sogar die dazu gehörenden Gefühle aus. Dann beginnt sich das Rad zu drehen. Das kann im Humor- oder Mentaltraining beispielsweise auch positiv wirken, gehört aber eher zur Ausnahme, da das bewusste, positive Denken zu wenig kultiviert wird. So sind Sorgen und Bedenken, die mit dem Kopf nicht gelöst werden können, eine alltäglich hartnäckige und sich wiederholende Begleitung. Die Überflutung mit äusseren Reizen und Informationen, der ganze Datenmüll, beeinflusst zusätzlich das Denken und Handeln, sowohl bewusst als auch unbewusst. Das stresst und macht langfristig krank.

Wozu ist das nützlich?

Gibberish hilft, die Angewohnheit des dauernden inneren Redens abzulegen und Gedanken rauszuwerfen, ohne sie zu verdrängen. Es beschäftigt das Hirn mit Worten, die es nicht kennt und zu denen es keine Verknüpfung herstellen kann. Es sucht vergebens nach Verbindungen mit bereits abgespeichertem Wissen, Erfahrungen und Inhalten. Da es diese neuen Impulse nicht einordnen kann, bleibt nur die Kapitulation und Unterbrechung des Denkapparates, Verstandes und der linken Gehirnhemisphäre, was gleichzeitig die rechte Gehirnhemisphäre aktiviert, mit der Kreativität, Intuition und der Zugang zu sich selbst gesteigert werden. Das Hirn hört auf zu rotieren, beendet das Denken und eine Art Leere stellt sich ein, die auch zu einer körperlichen Entspannung führen kann. Gerade beim Lesen, das durch die erhöhte Aufmerksamkeit, die Fixierung auf das Geschriebene, die Aktivierung der Bilderwelt und die länger anhaltende gleiche Körperhaltung immer in einen hypnotischen Zustand führt (bei dem die Vigilanz abnimmt und die Alphawellen gemessen werden), eröffnet Gibberish eine Neutralisierung der sonst üblichen, erhöhten Suggestibilität.

„Gibberish heisst, den aktiven Verstand loszulassen, Stille heisst, den nicht-aktiven Verstand loszulassen, und Let-Go heisst, das Jenseitige zu betreten."
Osho

Lachen und Gibberish sind dynamische Formen der Meditation: Gibberish ist die erste Phase, bei der laut ausgesprochen wird, was gerade in den Sinn kommt, egal wie unlogisch es ist. So kann durch zusätzlich bewusste Atmung Überlebtes losgelassen und eine neue körperliche Entspannungstiefe erreicht werden. Dabei wird ausser dem die Kreativität erhöht und das Gedächtnis verbessert. Bewusste Atmung, die beobachtet, wie die Luft durch die Nase strömt, sich der Brustkorb bewegt und welche Geräusche das verursacht, hilft, die Aufmerksamkeit vom Kopf in den Körper zu lenken und Stille zu erreichen, was den Vorgang des Loslassens destruktiver Gedanken unterstützt.

„Achte auf Deine Gedanken, denn sie werden Worte. Achte auf Deine Worte, denn sie werden Handlungen. Achte auf Deine Handlungen, denn sie werden Gewohnheiten. Achte auf Deine Gewohnheiten, denn sie werden Dein Charakter. Achte auf Deinen Charakter, denn er wird Dein Schicksal."
Chinesisches Sprichwort

Was bewirkt es?

Viele psychosomatische und somatoforme Störungen haben ihren Ursprung in nicht gelebten Gefühlen und Trieben, die vom Verstand kontrolliert und unterdrückt werden, was innere Anspannung und Stress erzeugt. Stress passiert meist im Kopf und ist das Ergebnis einer Unsicherheit, die ihre Wurzel oft in der Verkümmerung einer ganzheitlichen, sinnlichen und körperlichen Entwicklung hat. Stressgeplagte Menschen fällen Entscheidungen rational, statt ihrem Bauchgefühl zu vertrauen, was gemäss psychologischer Forschungen zu neunzig Prozent richtig wäre. Wer sich alleine auf sein Wissen und seinen Kopf verlässt, produziert vorwiegend Rückschläge und sät entsprechend weitere Unsicherheiten, die die Stress- und Burnoutgefahr erhöhen. Der Weg zu mehr Gelassenheit und Leichtigkeit kann also nicht über den Verstand und das Denken erfolgen. Es setzt die Auseinandersetzung mit den eigenen Gefühlen voraus, wobei ein emotionales, körperzentriertes Training unterstützen kann.

Gibberish hat eine kathartische Wirkung, eine Ventilfunktion, die es erlaubt, angestaute und blockierte Gefühle zu entladen bzw. wieder freier auszudrücken. Dadurch nehmen innere Zensur und Kontrolle und damit Anspannung und Stress ab, was innere Reinigung und einen Heilungsprozess ermöglicht. Es behandelt Ursachen und keine Symptome. Mit Gibberish können Sorgen, Ängste, Trauer, Wut, Neid, hohe Erwartungen an sich und die Umwelt sowie falsche Glaubenssätze, nach denen das Leben ausrichtet wird, losgelassen und Ruhe gefunden werden. In dieser Stille können echte Gefühle und Bedürfnisse wahrgenommen, das Leben längerfristig nach ihnen gestaltet und als Kraftquelle genutzt werden. Im Sinne einer Katharsis kann Gibberish auch in zwischenmenschlichen Konfliktsituationen entschärfend unterstützen, wenn verletzte Gefühle mit Tönen und Gesten anstelle vernichtender Worte ausgedrückt werden. So kann dem eigenen Ärger im Moment Luft verschafft und gleichzeitig dem Partner ein versöhnendes Lächeln entlockt werden. Nach Abkühlung der erhitzten Gemüter kann und sollte der Konflikt, sofern er tiefere Gründe hat, geklärt werden. Das braucht entsprechende Übung und eine vorherige Einigung auf dieses Vorgehen, lohnt sich aber in jeder Hinsicht.

Reizüberflutung und ungelöste Probleme beeinflussen letztlich auch die Schlafqualität. Spannende Bücher und Filme mit Nervenkitzelgarantie aktivieren Schreckensbilder, die im hypnoiden Zustand mit erhöhter Suggestibilität direkt ins Unterbewusstsein eingepflanzt und wiederum mit Erfahrungen und dem Denken verknüpft werden. Ein achtsamer und bewusster Umgang mit Medien sei im Sinne der Selbstprogrammierung daher empfohlen, da diese längerfristig Befinden und Gesundheit stärken oder schwächen können. Gibberish-Geschichten, die den Verstand ausschalten und zu einer trophotropen Umschaltung im vegetativen Nervensystem führen, können somit auch aktiv zu einer besseren Nachtruhe beitragen.

Gerade Kinder, die vor dem Spracherwerb Gibberish beherrschen, sinnlich, wertfrei und nicht logisch kommunizieren und sich damit vor allem untereinander bestens verständigen können, kämpfen mit der Überflutung ihrer Sinne, besonders sichtbar bei AD(H)S. Sie stehen unter grosser, dauerhafter Anspannung und können mit

Gibberish wieder spielerisch zur Ruhe kommen und sich zentrieren.

Nicht zu vergessen ist der Spassfaktor. Einmal etwas völlig Ungewohntes, Lustiges und Schräges zu lesen, oder sich gegenseitig eine Gibberish-Geschichte vorzutragen, hat sowohl Entspannungs- als auch Unterhaltungswert. Es erfrischt und erheitert Kleine und Grosse und trägt so zu einer positiven Kommunikation und guten Gefühlen bei.

Wie Sie dieses Buch lesen können

Dieses Buch können Sie jederzeit, überall und in fast jeder Situation lesen, ohne sich dafür in eine gewohnte Leseposition zurückziehen zu müssen. Es ist aber von Vorteil, wenn Sie sich vor dem Lesevergnügen ganz kurz Zeit nehmen, um wahrzunehmen, was Sie gerade beschäftigt. Dazu tauchen Sie nicht nach innen, wie bei herkömmlichen Meditationen, sondern beobachten nur kurz ganz bewusst, was sich gerade in Ihrem Kopf abspielt. Richten Sie Ihre ganze Aufmerksamkeit auf Ihre Gedanken, die kommen und gehen. Beobachten Sie, welche Bilder auftauchen, welche inneren Dialoge und Debatten gerade geführt werden. Was beschäftigt Sie und wie fühlen Sie sich dabei? Fortgeschrittene können sich auch direkt auf ein Problem, eine störende Gewohnheit, seelische oder körperliche Schmerzen konzentrieren. Halten Sie dann kurz inne und nehmen Sie Ihre dabei entstandenen Gefühle wahr. Dann halten Sie diese in einem inneren, imaginären Foto fest. Diese Prozedur sollte höchstens 5 Minuten dauern. Jetzt kann es losgehen! Wenn Sie sich einen kathartischen Effekt erhoffen und es die Situation möglich macht, lesen Sie laut. Das ist am wirkungsvollsten. Trauen Sie sich an Ort und Stelle nicht, oder mögen Sie es im Moment eher ruhig, dann lesen Sie in Ihrer gewohnten Art einfach drauflos. Am Ende einer Kurzgeschichte nehmen Sie sich wieder kurz Zeit und spüren nach. Hat sich durch das Lesen etwas an Ihrer Stimmung oder Körperwahrnehmung verändert? Wie fühlen Sie sich jetzt?

Dieses Buch eignet sich auch hervorragend zum Vorlesen. Wenn Sie beim Vorlesen Ihre Emotionen zulassen, spürbar machen und mit Mimik und Gestik betonen, wird das Vorgelesene lebendig. Schenken Sie sich Raum und Zeit. Wenn Sie öfter Texte in Gibberish vortragen, stärkt das Ihre Ausdrucksfähigkeit und anfängliche Hemmungen können sich in zunehmende Selbstsicherheit verwandeln.

Dieses Buch ist ein Lesebuch, kein Ratgeber, Seminarersatz oder Eigentherapie, obwohl positive Wirkungen auf Körper, Geist und Seele nicht ausgeschlossen, sondern durchaus möglich und erwünscht sind.

Wer sich tiefer auf Gibberish einlassen möchte, dem empfehle ich diese Methode längerfristig auch ohne Buch zu praktizieren. Dabei plappern Sie auf Gibberish spontan und frei aus dem Herzen drauflos und drücken Ihre Gefühle in lautem, sinnlosen Wortgeschwafel aus, ob als Redner, um mehr Freiheit und Sicherheit zu gewinnen, um Streitgespräche in Beziehungen zu befrieden, die Sitzung am Arbeitsplatz zu energetisieren, zur Stressbewältigung oder als spirituelle Praxis. Zur Vertiefung von Gibberish biete ich Übungen in Seminaren an, an denen Sie die Wirkung direkt erfahren und integrieren können.

Neben allen Vorteilen in der Persönlichkeitserfahrung und -entwicklung kann und soll dieses Buch aber auch einfach nur Spass machen, den Kopf lüften, die Stimmung heben und das Lachen mit all seinen positiven Anteilen fördern.

Der Autor

Christian Hablützel ist Lachtrainer und Humorcoach. Er leitet Seminare im In- und Ausland zum Thema *Humor, Lachyoga,* sowie *Heitere Stressbewältigung* und führt eine Gesundheitspraxis für Hypnose und Atemtherapie in Zürich.

Ausserdem ist der Initiator und Organisator von *Lachparade* und *Swiss Humor Award* Gründungsmitglied des Vereins *Geroclown* sowie Mitglied bei *Humorcare Schweiz* und im *Europäischen Verband für Lachyoga und Humortraining*. Neben seiner Tätigkeit als Coach und als Dozent an Ausbildungsinstituten organisiert der Familienvater Lachevents mit Tanzabenden und ist künstlerisch tätig: Er malt dreidimensionale Bilder, kreiert Objekte, schreibt Geschichten, Schmunzelpopsongs als Fredy Chnorz und Gedichte als Fuhlo Wackelbart.

Sein bereits erschienenes Praxishandbuch für Lachyoga richtet sich an Fachpersonen und präsentiert bisher isolierte Lachyogaübungen als Geschichten, die zum Lachen einladen und das Lacherlebnis durch mehr Leichtigkeit vertiefen. Lachyoga verbindet auf heitere Art Atemarbeit mit Körperbewegungsübungen: ein Rundumgesundheitspaket, das Wohlbefinden und Persönlichkeit stärkt sowie Stress abbaut. Mit *Huplö lala düsel Fnurz* greift er diesen Ansatz auf und entwickelt ihn deutlich weiter.

Kontakt:

info@lachdichgesund.com
www.lachdichgesund.com
www.lachparade.ch
www.ch-praxis.ch
www.ch-kunst.ch